Herbert Hernaus

Herbert Herhaus

Die Geschichte meiner Gefangenschaft und Flucht

Herausgeber

Hendrik Weber

Bibliografische Information der Deutschen Nationalbibliothek:
Die Deutsche Nationalbibliothek verzeichnet diese Publikation
in der Deutschen Nationalbibliografie; detaillierte bibliografische Daten sind im Internet über http://dnb.dnb.de abrufbar.

Autor: Herbert Herhaus 04. Mai 1914 - 06. Juni 1994
Herausgeber und Überarbeitung: Hendrik Weber
Umschlagentwurf: Malte Zirbel

Herstellung und Verlag: BoD – Books on Demand,
Norderstedt

ISBN: 9-783752-611816

INHALTSVERZEICHNIS

VORWORT DES HERAUSGEBERS

Die nachfolgende Geschichte ist die wahre Erzählung meines Grossvaters Herbert Herhaus, der einige Tage nach der Kapitulation der Deutschen Wehrmacht von den amerikanischen Truppen aufgegriffen, und in ein Gefangenenlager auf die Rheinwiesen gebracht wurde.
Im April 1990 hat er seine Erlebnisse in dem ihm eigenen und unverkennbaren Stil aufgeschrieben und in seinen Unterlagen abgeheftet. Mit diesem Buch wird die Geschichte zum ersten Mal veröffentlicht.

Zu meinem Grossvater hatte ich immer eine ganz besondere Beziehung. Daher ist seine Geschichte für mich spannend und seine direkte Erzähl- und Schreibweise fesselnd und unterhaltsam für den Leser. Als Christ war das Verhältnis zu seinem Gott von der gleichen - manchmal fast unverschämten - Direktheit geprägt. Dabei stand für ihn die Dankbarkeit für alle Dinge, die er von Gott in seinem Leben empfangen hat im Mittelpunkt. Diese Dankbarkeit haben er und seine Frau Irmgard mit Erfolg an ihre Kinder und Enkelkinder weitergegeben.

Hendrik Weber

EIN VORWORT ZU MEINER GESCHICHTE

Es kann sein, dass der Leser dieser Geschichte

– besonders dann, wenn er ein gläubiger Christ ist
– etwas schockiert darüber ist, was ich unter „Glaubensleben" verstehe. Die weitaus meisten Christen, die ich kennengelernt habe, fügen sich willenlos in die Umstände, in die sie geraten. Es steht mir nicht zu, das zu kritisieren, denn die Verhaltensweisen der Menschenkinder unter den verschiedensten Umständen sind sehr mannigfaltig. Ich hatte schon früh Gelegenheit, auf diesem Gebiet etwas zu lernen. Ich denke an meine zweijährige, aktive Dienstzeit und an meine sechsjährige Kriegsdienstzeit unter vielen Menschen.

Kinder Gottes sollten ja im Glauben leben, aber auch da gibt es viele Unterschiede. Viele Christen nehmen ihr Glaubensleben einfach: Ich vertraue auf Gott! Wie ER mich führt, wird es für mch richtig sein. Das ist dann Vertrauen und nach meiner Meinung die geringste oder die einfachste Art von Glaubensleben. Wir finden beides in Gottes Wort. Nur, beide Dinge sind, in des Wortes wahrster Bedeutung, total individuell. Das Vertrauen, in dem ein Kind Gottes lebt, ist eigentlich nicht zu kopieren. Ebenso wenig das Glaubensleben eines Christen. Gottes Wort sagt wohl: „Den Ausgang ihres Wandels anschauend, ahmet ihren Glauben nach" (Hebr. 13,7). Das gilt aber erst, wenn der Wandel – wie es heißt – ausgegangen, also der Bruder oder die Schwester heimgegangen ist. Erst dann sollen wir beginnen mit nachahmen. Nur einen Mann gibt es in Gottes Wort – außer unserem Herrn –, der sogar selbst schreibt: „Seid meine Nachahmer, so wie ich Christi" (1. Kor. 11,1). Das ist der Apostel Paulus.

Aber wir haben ja viele Stellen in Gottes Wort, wo Glaubensmänner etwas fordern. Einfach etwas fordern, der Situation entsprechend. Ich denke auch an die Stelle in Mal. 3,10, wo es heißt: „Prüfet mich doch dadurch, ob ich euch nicht die Fenster des Himmels auftun und euch Segen ausgießen werde bis zum Übermaß." Hier werden wir aufgefordert, etwas zu fordern von Gott und uns nicht mit den Gegebenheiten abzufinden. Diese Haltung habe ich selten, sehr selten erlebt. Mein Verhältnis zu meinem irdischen Vater und zu meinem himmlischen Vater war immer so, dass ich mir den Freimut nahm, etwas zu fordern. Schon als Kind waren meine Vorstellungen über das, was meine Eltern mir zu Weihnachten schenken sollten oder wollten, ganz konkret. Und in meinem späteren Glaubensleben habe ich oft von meinem Gott und Vater Dinge gefordert, über die andere Gläubige entsetzt gewesen wären. Ich meine jetzt nicht die Sache, sondern den Vorgang. Ich fand es ganz normal. Warum sollte ich es nicht fordern? Wenn mein irdischer oder mein himmlischer Vater es mir verweigerten, so war ihre Weisheit eben größer als meine. Weiterhin das Erbetene fordern, tat ich nicht. Ich suchte einen anderen Ausweg. Wenn ich nun etwas sage über das Soldatsein oder über den Krieg, dann möchte ich betonen, dass das, was ich sage, meine ureigene Auffassung ist. Ich möchte niemanden kritisieren, der sich anders entscheidet oder entschieden hat. Erwähnen muss ich noch, dass meine Veranlagung derart war, dass ich alles, was mir aufgetragen wurde zu tun, versuchte fertig zu machen. Selbst dann, wenn ich es mit Widerwillen tat oder tun musste. Außerdem lernte ich frühzeitig von meinen Eltern, dass ein junger Mann alle Dinge, die ihm aufgetragen wurden, für seinen Herrn tun sollte. Ich lernte, ihn als Auftraggeber anzusehen und es dann eben entsprechend gründlich und ordentlich zu machen.

Dieser Grundsatz betraf auch das Soldatsein. Wenn schon Soldat – eine Alternative hatte ich nicht –, dann auch ein guter. Und nach zweijähriger Friedensausbildung war ich ein guter Soldat und in meiner Schießklasse der beste Schütze. Und dann begann zwei Jahre später der Krieg. Viele gläubige Christen haben mir später erzählt, dass sie in einer ähnlichen oder gleichen Lage wie ich versucht haben, sich überall zu drücken. Sie bevorzugten Stellen, die weit außerhalb jeder Gefahr und möglichst im Hinterland lagen. Das konnte ich nicht, weil es mir einfach nicht lag. Die Folge war, dass ich mich jahrelang in den vorderen Frontbereichen aufhielt und oft heikle, ja sehr heikle Angelegenheiten übernehmen musste.

Inzwischen erfuhr ich von meinen Freunden und Bekannten, dass sie alle auf weit abgelegenen Kriegsschauplätzen Posten bekleideten, die ungefährlich und sehr ruhig waren. Offenbar befand nur ich mich in dem Dilemma, immer da zu sein, wo die Luft äußerst eisenhaltig war. Also sagte ich meinem Gott und Vater, dass ich das doch gründlich leid sei, und bat ihn, mich doch auch einmal in ruhigere Gegenden zu versetzen.

ER antwortete innerhalb einer Woche. Wir gerieten in einen starken Beschuss von Stalinorgeln, das sind Raketenwerfer, und ein Granatsplitter durchschlug mein linkes Bein. Kurze Zeit später begann der verlustreiche Rückzug unserer Einheiten. Während dieser Zeit lag ich friedlich und gut versorgt in Goslar im Lazarett, ein Jahr lang. Ich will hier nicht all die vielen Gebetserhörungen erzählen, die ich in sechs Jahren als Soldat erlebt habe und wo ich wiederholt von meinem Gott ganz konkrete Dinge gefordert habe und ER sie mir auch gab. Ich konnte jedenfalls mit dem Apostel Paulus sagen: „... ich weiß, wem ich geglaubt habe." (2. Tim. 1,12)

Sicher wird es viele Christen geben, die nicht verstehen können, dass ich einen Mantel stehle, um einen jungen Mann vor dem Wahnsinn zu retten und dazu die Hilfe Gottes erflehe. Ich muss ganz deutlich sagen: Ich hatte keinerlei Schwierigkeiten dabei. Sicher hat es viele Gläubige gegeben, die in ähnlichen Situationen gewesen sind wie ich, auf den Rheinwiesen. Sie haben wahrscheinlich alles hingenommen, zu ihrem Herrn um Hilfe gerufen und sich dann mit den Umständen abgefunden. Das tat ich natürlich zunächst auch. Nur, bereits nach einer Woche war ich so weit, dass ich meinem Gott und Vater deutlich sagte, dass mir diese Umstände, in die ich hier geraten war, nicht gefielen. Ich sagte ihm auch gleich, dass ER mich schnell und gründlich darüber belehren möge, was ich hier wohl zu lernen habe. Ich hatte einfach Dankbarkeit zu lernen, für alle Dinge und für alles. Und das habe ich bis heute erhalten. Sein Name sei gepriesen!

Ich möchte noch erwähnen, dass es ein ganz profanes menschliches Sprichwort gibt. Es heißt: „Hilf dir selbst, dann hilft dir Gott!" Damit will ich das Wirken Gottes nicht herabsetzen. Aber ich glaube, dass ganz im Hintergrund dieses Wortes ein großer Funke von Wahrheit steckt. Es gibt viele Männer in der Bibel, deren Verhalten mir das bestätigt. Siehe Elia und David.

MEINE UMSTÄNDE

Ich war 31 Jahre alt, unverheiratet, 2 Jahre akti-
ver Soldat in der Panzer-Aufklärungsabteilung 8 in
Potsdam (Versuchsabteilung), von Herbst 1937 bis
Herbst 1939.

Bei Kriegsbeginn am 31. August 1939 wurde ich
eingezogen zur Panzergrenadier-Kompanie 6
Schützenregiment 4 in Iserlohn. Im Frankreich-

feldzug vom 10. Mai bis 14. Juni 1940 als MG-Schütze 1. Danach der Russlandfeldzug vom 21.06.1941 bis 31.07.1943. Verwundung bei Belgorod, durch einen Schussbruch am linken Unterschenkel von einer Stalinorgel (Raketenwerfer). Daraufhin lag ich ein Jahr lang im Lazarett und war nur noch arbeitsverwendungsfähig (a.v.). Vom Juli 1944 bis Mai 1945 beim Ersatzheer eingesetzt, im Raum Haltern, Iserlohn und Dortmund war ich zuständig für die Ausbildung des fliegenden Personals der Luftwaffe. Als Kurier in „Geheimer Kommandosache" wurde ich zwischen Dortmund und Iserlohn eingesetzt. Zuletzt ernannte man mich zum Ortskommandanten von Kalthof bei Schwerte, bis zur Selbstauflösung der Truppe bei Annäherung der Amerikaner am 09.05.1945.

Zurück in Bielstein, dem Wohnort meiner Eltern, wollte ich als Zivilist die alte Getreidemühle meines Vaters in Gang bringen und wurde dabei von den Amerikanern aufgegriffen, wahrscheinlich am 13. o. 14.05.1945 mit der Begründung, ich bekäme neue Papiere. Bisher hatte ich nur den Entlassungsschein der Deutschen Wehrmacht.

MEINE GESCHICHTE

Und damit begann das ganze Elend. Eingesperrt in einen Raum des Postamtes in Bielstein. Mir schwante nichts Gutes. Vorsichtshalber nahm ich meine Geldbörse und schob sie in meine Mütze unter das Futter. Es war eine blaue Schirmmütze mit hohem Rand. Die Öffnung im Futter fiel überhaupt nicht auf. An dieser Stelle hat die Geldbörse mit Inhalt – Führerschein, 600,– RM und Entlassungsschein der Deutschen Wehrmacht – alle Stürme überlebt, bis auf den letzten.

Postamt Bielstein

Mehrmals ist sie nass geworden, aber immer wieder getrocknet. Auf den Papieren begann die Tinte auszulaufen.

LKWs der Amerikaner und Patrouillen brachten immer neue Leute, alte und junge, Frauen und Männer. Und schon ging es los: „Hände hoch!" Jede Tasche wurde untersucht, alles abgetastet und jeglicher Tascheninhalt einbehalten. Was das mit einer neuen Bescheinigung zu tun hatte, konnte keiner ergründen. Es waren regelrechte Wegelagerer. Wenn einer meckerte, hob der danebenstehende Soldat die Maschinenpistole.

Ich hatte sofort beim ersten „Hände hoch" in die linke Hand mein Taschentuch und in die rechte Hand mein Taschenmesser genommen. Das haben sie nicht bemerkt und es ist auch bei späteren Untersuchungen nicht aufgefallen.

Vor dem Postamt versammelte sich halb Bielstein. Teils aus Neugierde, teils suchten sie ihre Angehörigen. Auf wiederholte Fragen bekam man immer nur dieselbe Antwort: „Der Offizier, der die Papiere ausstellen sollte, ist noch nicht da." Und wir glaubten diese Lügen alle. Am späten Nachmittag wurden wir alle auf einen offenen LKW „verladen". Fragen wurden nicht mehr beantwortet. Wir standen Mann an Mann. Und ab ging es, Ziel unbekannt. Zweimal verfuhr sich der Fahrer, ein Schwarzer. Beim Wenden sprangen bereits einige ab und verschwanden zwischen den Häusern oder im Gestrüpp.

Ich gutgläubiger Hampelmann hätte auch mit Leichtigkeit abspringen können, alleine die mehrmalige Zusage, wir bekämen nur neue, gültige Papiere, ließ mich wieder zögern. Das ist die alte militärische Art, zu glauben, was ein Vorgesetzter sagt (in diesem Fall die Machthaber). Wahrscheinlich hätte ich mir viel Ärger erspart, wenn ich misstrauischer gewesen wäre. Aber mein Weg war offenbar vorherbestimmt und von Gott, meinem Vater, festgelegt.

Wir landeten im Keller einer Villa in der Nähe von Waldbröl. Vollgestopft mit Amerikanern. Hier wurden zum ersten Mal Kekse verteilt. Dann wurden drei Männer gesucht, die helfen sollten, Matratzen und Strohsäcke herbeizuschaffen. Ich meldete mich. Aus einer großen Halle wurden die Sachen per LKW geholt und dann im Keller der Villa ausgebreitet. Inzwischen wurde es in der Villa immer lauter. Drei Radios auf voller Lautstärke, dazu Bier, Wein, Schnaps und Frauen. Wir hörten sie im Keller quietschen. Unsere Bewachung war inzwischen lückenlos.

Nachdem wir drei mit der Arbeit fertig waren, wurden wir nach oben zu einem Kaffee eingeladen. In einem großen Zimmer neben dem Wohnzimmer stellte ein friedlicher Amerikaner drei Tassen – oder vielmehr drei große Becher – nebeneinander auf, Rand an Rand, und fuhr mit einer vollen Kaffeekanne einfach darüber her. Er war bereits so betrunken, dass er die gleiche Menge daneben schüttete. Mit der Milch verfuhr er ebenso. Die ganze Schrankplatte schwamm im Kaffee.

Doch das störte den Ami wenig. Von einem anderen Schrank riss er eine schöne gestickte Decke herunter, dabei flog alles um und er versuchte, den Kaffee aufzuwischen.

Beim Trinken des Kaffees warfen wir dann einen Blick in das angrenzende Wohnzimmer. Betrunkene Soldaten aller Dienstgrade, Rock und Hemd offen, die Beine auf Tischen und Sesseln, dazwischen drei leicht – z.T. sehr leicht – bekleidete Frauen in den unterschiedlichsten Situationen. Wein, Bier, Schnaps und Sekt flossen in Strömen. Das ganze Zimmer glich einem Schlachtfeld. Ich will nicht in Details gehen, jeder, der Soldat gewesen ist, hat Kenntnisse von den Vorgängen einer Siegesfeier unter Soldaten. Als der Feldzug in Frankreich beendet war, ging es unter den deutschen Soldaten ähnlich zu. Bei Alkohol und ein paar leichten Mädchen ist der Mann schnell auf dem Niveau eines Tieres. Es ist beschämend.

Aber es gab auch andere. Inmitten des Tumults standen zwei Offiziere vor einer riesigen Bücherwand, die eine Seite des Zimmers ausfüllte und waren völlig in ihre Bücher versunken. Der ganze Lärm um sie herum störte sie anscheinend nicht.

In der Nacht kamen immer mehr Menschen dazu. Die Kellerräume wurden allmählich voll. Am nächsten Morgen wieder „Hände hoch!" mit Leibesvisitation, auch bei den Frauen. Dann kam ein LKW mit noch größerer Ladefläche. Brutal wurde alles auf die Ladefläche gejagt und ab ging es, mit unbekanntem Ziel. Das Ziel war, wie wir feststellten, ein Fabrikhof in Bergisch-Gladbach. Ringsherum Fabrikations- und Büroräume, fünfstöckig. Sobald wir in den Hof fuhren, gingen in der ersten Etage ringsherum die Fenster auf, und an jedem Fenster erschien ein Ami mit Maschinenpistole. Ich glaube, es waren zusammen ca. zwölf Stück. Danach ging das Tor zu und wir hörten laute, barsche Befehle. „Hände hoch!", absteigen und dann in einer Reihe in die anliegenden Keller- oder Lagerräume gehen. Dabei waren wir rechts und links flankiert von Amerikanern mit MP. Wir mussten offenbar wohl sehr gefährliche Leute sein.

Als alter Soldat (8 Jahre) kann man sich ja eines Lächelns nicht erwehren, wenn man so etwas sieht. Etwa 60 Zivilisten – darunter vielleicht 10 Frauen – „bewaffnet" nur mit Taschentüchern, werden bewacht von ca. 16–20 Amis, die mit grimmigem Gesicht ihren Finger am Abzug ihrer Maschinenpistolen haben, und die sich – so sah es wenigstens aus – sehr wichtig vorkamen. Wir Deutschen müssen ja wirklich furchterregende Menschen sein. Mir kam ein Vorgang in Nordfrankreich in den Sinn. Ich musste als einzelner ca. 250 französische und belgische Soldaten in ein etwa vier Kilometer entferntes Gefangenenlager bringen. Ein einzelner Soldat mit einer Pistole. Sie hätten mich in Stücke zerreißen können.

Die Nacht verbrachten wir im Parterre und in den Kellerräumen. Wer schlafen wollte, musste sich auf den Betonboden legen. In dieser Nacht hatte ich reichlich Gelegenheit, diese ganzen widrigen Umstände vor meinem Gott und Vater auszubreiten und uns Ihm anzubefehlen. Das hat mich dann auch sehr beruhigt.

Noch immer nichts zu essen. Hin und wieder reichte ein Amerikaner ein paar Kekse herein, aber die langten nie für alle. Im Laufe des Tages sortierten sie die Frauen alle heraus. Sie wurden gesondert abtransportiert. Am späten Nachmittag fuhr ein riesiger offener LKW in den Hof, wir sahen es durch die Fenster. „Alles rauf!" Wir wurden regelrecht zusammengeschoben. Am Knie kratzen konnte sich keiner. Ich weiß nicht, wie viele Menschen auf dem LKW waren, ich vermute, weit mehr als einhundert. Ab ging es in Richtung Westen. Der Fahrer, ein Neger, fuhr äußerst rücksichtslos. Und was auf so einem hochgebauten LKW los ist, wenn der Fahrer mit höchstmöglicher Geschwindigkeit in eine Kurve fährt, kann nur der ermessen, der so etwas erlebt hat. Die Außenstehenden werden von der Fliehkraft der Masse Mensch fast erdrückt. Alles Geschrei und Fluchen half nichts. Nach einer halben Stunde fingen die Ersten an, das wenige, was sie noch im Magen hatten, zu erbrechen. Oft genug dem Vordermann auf den Rücken oder auf die Brust.

Und dann waren wir am Rhein in der Nähe von Köln, weil wir die Domtürme sehen konnten.
Die Notbrücke, an der wir anhielten, war unheimlich bewacht, obwohl schon tagelang Waffenstillstand war. Wieder einmal ein Beweis, welche

Angst die Amis vor Volkssturm, Werwolf und der Zivilbevölkerung hatten. Die Brückenwache bis an die Zähne bewaffnet, Flak (Flugabwehrkanone) in höchster Alarmbereitschaft. Wir mussten lange warten, weil der Militärverkehr Vorrang hatte. Wer austreten wollte, durfte sich nur einen Meter vom LKW entfernen. Es wurde langsam dunkel.

Inzwischen rätselten wir natürlich, wo sie uns hinbringen würden. Nach Frankreich zum Wiederaufbau, zum Aufräumen in die zerbombten Städte, zum Erschießen in den Wald.
Die Menschen auf dem LKW waren in echter Weltuntergangsstimmung. Wir fuhren weiter in nördlicher Richtung. Unser Fahrer verfuhr sich in einer schwer zerbombten Stadt gleich zweimal. Es wurde dunkler, so dass niemand erkennen konnte, wo wir waren. Und wieder ergab sich die Gelegenheit, abzuspringen und mit ein paar Sätzen in den Haustrümmern zu verschwinden, während der Fahrer umständlich wendete. Allerdings waren wir jetzt auf der anderen Rheinseite, ohne Essen, ohne Ortskenntnisse, ohne Papiere und ohne Bekannte. Aber das deutsche Volk war ein Volk von Befehlsempfängern geworden und so blieb alles fein auf dem LKW stehen und half dem Fahrer noch durch Zurufe.

Einige von uns waren mit ihren Überlegungen, wohin wir wohl kommen würden, der Wahrheit recht nahe gekommen. Auf einmal fiel das Wort „Rheinwiesen". Kaum einer wusste, was das war. Langsam wurde es hell. Wir waren kreuz und quer gefahren, und im ersten Morgenlicht fuhren wir durch einen Hohlweg auf ein riesiges Feld und vor unseren ungläubig dreinschauenden Augen lagen unwahrscheinliche Menschenmengen auf der nackten Erde. Umgeben und Unterteilt von einem zwei Meter hohen Stacheldrahtzaun, die einzelnen Drähte ca. vier Zentimeter auseinander. An diesem Zaun waren die Amis mit kleinen Bautrupps intensiv beschäftigt. Nicht allzu weit sah ich einen hohen Schornstein mit den untereinanderstehenden Buchstaben „Underberg", wir mussten also auf Höhe von Rheinberg bei Wesel sein. Später erfuhr ich, dass es das schlimmste Lager entlang des Rheins war. Aber diese Tatsache blieb mir bis dahin gnädig verborgen.

Wir fielen förmlich vom LKW, kaum einer konnte mehr aus eigener Kraft stehen. Aber sofort wurden wir hochgescheucht und hinter den Stacheldraht geführt. Und hier endlich ließen sie uns in Ruhe. Es ist eigenartig, wie die Menschen reagieren, wenn sie plötzlich vor solch eine ausweglose Situation gestellt werden. Erst allmählich erkennen sie die Tragweite der neuen Lage. Und dann sprachloses Entsetzen, weinen und schluchzen, fluchen und schimpfen, der nächste Beste wird um Hilfe angefleht, kopfloses umherirren. Was ist zu tun? Wer hilft uns?

Ein „alter" Soldat ist mit zahlreichen unterschiedlichen und unvorhersehbaren Situationen konfrontiert worden, dass er inzwischen automatisch weiß, was er zu tun hat. Wenn Lebensgefahr besteht – durch feindlichen Beschuss – wird er zunächst für Deckung sorgen. Da hier offenbar keine unmittelbare Lebensgefahr besteht, wird er für Unterkunft und Essen sorgen. Es kann auch sein, dass er zuerst an Essen denkt. Also, einige Minuten zuerst die nähere und dann die weitere Umgebung ansehen. Das Gelände war leicht hügelig, Acker, zum Teil Wiese, nur wenige kleine Bäume. Weit rechts stand ein zerstörter amerikanischer Panzer. In der Mitte des Lagers ein besonders abgeteilter Platz mit mehreren sehr großen Zelten. Drum herum deutsche Offiziere. Aha, die Herren hatten also Zelte, dachte ich. Das gemeine Volk saß auf der nackten Erde. Es mussten viele tausend Menschen sein.

Als ob mir meine ganze elende Lage besonders deutlich gemacht werden sollte, fing es leicht an zu regnen. Etwa dreihundert Meter vor mir – mitten in einem Menschenschwarm – stand eine Baracke mit amerikanischem Wachpersonal. Weit hinten waren Gestrüpp und Brennnesseln zu sehen. Kein Haus, keine Scheune, kein Wasser, wenigstens im Moment nicht erkennbar. Ein Teil der Männer riss Äste von den Bäumen, ein anderer Teil half beim Bau des Stacheldrahtzaunes, und weitere gruben eifrig Löcher in die Erde. Dazu brauchten sie die unterschiedlichsten Werkzeuge, Äste, Konservendosendeckel und die unmöglichsten Gegenstände. Das Gros der Leute stand in großen und kleinen Gruppen zusammen und diskutierte lebhaft.

Mein erster Gedanke war: Warum sperren die hier so viele Menschen ein? Es gab nur eine Antwort: Angst vor Sabotage und Widerstand. Der zweite Gedanke war, dass sie wohl schnellstens Baracken, Zelte oder Notunterkünfte aufstellen, aber sicher war das nicht. Der dritte Gedanke war, ob sie wohl Nahrungsmittel für diese Menge Menschen herbeischaffen können? Das war noch unsicherer. Es galt also mit ziemlicher Sicherheit, sich jetzt auf Hungerzeiten vorzubereiten. Ich sah viele Soldaten mit Gepäck, Tornistern, Feldflaschen und Zeltbahnen. Später erfuhr ich, dass sie direkt von der Gefangennahme mitsamt Tross in dieses Lager gefahren worden waren.

In meinen Gedanken versunken, stieß mich ein Amerikaner brutal zur Seite. Man durfte nicht herumstehen und träumen. Sie schlugen ohne Vorwarnung mit dem Gewehrkolben oder der MP zu. Ich musste darauf achten, dass meine Knochen heil blieben. Ein neuer LKW voller Menschen war angekommen. Ich machte mich auf den Weg, um das Lager zu erkunden.

Meine Bekleidung bestand aus einer kurzen Unterhose, einem dünnen Oberhemd, einer Hose und Jacke und meiner blauen Schirmmütze mit dem hohen Rand. Das Taschentuch und das Messer hatte ich durch alle Untersuchungen und die ganze Filzerei hindurch gerettet. Der einzige Bekannte bis jetzt war ein etwa 25-jähriger Mann aus Köln. Er war verheiratet und hatte eine kleine Tochter. In Köln ausgebombt, wohnte er jetzt in Oberbantenberg bei Bielstein. Wir hatten uns im

Postamt kennengelernt. Mich hatten sie aus der Mühle geholt, als ich das Wasserrad instand setzen wollte. Ihn hatten sie auf der Straße aufgelesen, als seine Frau ihn zum Einkaufen schickte. Er war zutiefst deprimiert. Seine Frau hatte keine Ahnung, wo er war. Wir verabredeten einen Treffpunkt und dann ging ich wieder los.

In Frankreich und Russland habe ich viele Kriegsgefangene gesehen. Es ist kein erhebender Anblick. Zuerst wunderte ich mich, warum sie wohl dauernd vor sich auf die Erde sehen oder mit suchenden Blicken die nächste Umgebung abtasteten. Bald erkannte ich den Grund. Sie suchen immer etwas, Blechdosen, Deckel, Holzstücke, Tabakreste, Stoffreste, Drahtenden, Backsteine und natürlich Essbares. Ein Kriegsgefangener, der nur seine Kleider hat, sucht praktisch nach allem. Ich befand mich in der gleichen Lage und handelte entsprechend. Man kann sich natürlich denken, wie groß die Wahrscheinlichkeit ist, etwas zu finden, wenn 100.000 Menschen auf einer abgetretenen Wiese das Gleiche oder etwas Ähnliches tun.

Einige Tage später erfuhr ich dann, dass in diesem Lager 185.000 Menschen waren, der Älteste 72 Jahre, der Jüngste 14 Jahre. Der Opa war in Pantoffeln und aus Bochum. Er wollte nur eben im Geschäft gegenüber etwas Tabak holen, als die Amerikaner ihn einkassierten. Er war anscheinend gefährlich. Der 14-jährige Junge weinte. Er war von seiner Mutter geschickt worden, seine kleine

Schwester bei Nachbarn abzuholen, als sie ihn ohne Vorwarnung griffen. Auch sicher eine gefährliche Person, wenigstens für die Amis.

Ich steuerte zuerst auf die Baracke zu, um mir unsere Wachmannschaft anzusehen. Außerdem konnte es sein, dass sich in der Umgebung der Baracke eher etwas Wichtiges befand. Ein Schild belehrte mich, der Hütte nicht zu nahe zu kommen, immer wurde gleich mit Schießen gedroht.
Von der Wachmannschaft bekam ich nicht viel zu sehen. Durch die offene Tür konnte ich einen Soldaten sehen, der an einem Schreibtisch saß. Sie waren wohl alle unterwegs. Auf dem Dach der Baracke konnte ich eine große Sirene sehen. Sicher für den Fall, dass wir unbotmäßig werden würden und sie Hilfe brauchten. An der hinteren Seite stand die Baracke etwas erhöht auf einem Balkenfundament. Die Erde fiel etwas ab. Ich legte mich – in gebührender Entfernung – flach auf den Boden, um unter die Baracke sehen zu können. Und da sah ich sie auch gleich. Eine Konservendose sogar mit Deckel. Es hat allerdings ein oder zwei Tage gedauert, bis ich gefahrlos an sie herankam.

Der Boden des Lagers war sandig und gut zu bearbeiten. Das sah ich an den Löchern, welche die Männer mit allen möglichen Werkzeugen gruben, um Schutz vor Wetter und Regen zu haben. Ich fand auch Wasser. Ein kleines Rinnsal floss an einer Seite durch das Lager. Sehr wichtig! Dann fand ich in den Brennnesseln eine kleine Medizinflasche. Voll Wasser konnte sie den allernötigsten Tagesbedarf an Wasser decken.

In größeren Abständen sah ich Löcher von ca. acht Meter Durchmesser, zwei Meter tief, steiler Rand. Ihren Zweck konnte man sofort riechen, Latrinen. Man hockte sich einfach an den Rand und musste nur aufpassen, dass die Kante nicht abbröckelte und man rückwärts in die Suppe flog.

Die Amis schufteten wie die Wilden, um die Einzäunung zu vervollständigen.

Alle zweihundert Meter ein Wachturm, zehn Meter hoch, mit Maschinengewehren und Scheinwerfern und zwei Mann Besatzung. Der Zaun doppelt, zwei Meter hoch. Das Feld zwischen den Zaunpfählen war noch einmal diagonal verspannt. Zwischen den beiden Zäunen ein Gang von 1,50 Meter Breite. Außen vor den Zäunen drei K-Rollen von einem Meter Durchmesser. Zwei nebeneinander und eine noch obendrauf. Eine K-Rolle ist Stacheldraht, der zu einer Rolle von etwa einem Meter Durchmesser aufgerollt ist. Diese Rolle kann man dann axial auseinanderziehen. Mit so einer K-Rolle kann man sehr schnell einen Weg oder eine Fläche unpassierbar machen. Durch einen Zaun kommt man schnell, durch eine K-Rolle kaum, es sein denn, man hat eine Drahtschere.

Diese ganze Zaunkonstruktion nahm ich aufmerksam in mein Gedächtnis. An der diagonalen Verspannung war jeweils ein einfacher, doppelt U-förmig gebogener Haken, der sofort meine Aufmerksamkeit erweckte.

Ehe der Posten es sah, hatte ich einen dieser Haken bereits in der Tasche. Damit konnte man den Stacheldraht hoch hängen oder die Ringe der K-Rolle arretieren.

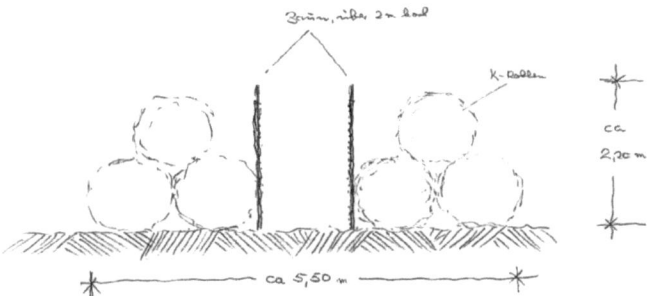

Der fertige Zaun war jedenfalls ein gewaltiges Hindernis. Rings um das Lager ein primitiver Feldweg, auf dem die Wachen hin- und hergingen. Außerdem wurde das ganze Lager dauernd von Jeeps umfahren. Wahrlich, sie achteten uns aller Ehre würdig. Wir mussten äußerst gefährliche Leute sein. Fast war ich etwas stolz.

Und schon begann in meinem Unterbewusstsein der erste Fluchtplan zu reifen. Ein deutscher Soldat verteilte an einer Stelle ein ganzes Kommissbrot und als ich mit meinem Taschenmesser zu Hilfe kam, gab er mir ein ordentliches Stück. Mir lief das Wasser im Mund zusammen. Ich setzte mich an den kleinen Bach, etwas abseits, faltete die Hände und dankte meinem Gott und Vater für diese Köstlichkeit. Dann tauchte ich das Brot in das Wasser und kaute langsam und bedächtig. Die

Hälfte verwahrte ich in einem Stück Papier, das den Bach herunterkam. Inzwischen war ich siepenass und begann zu frieren. Es wurde dunkel und nun flammten an vielen Stellen kleine Feuer auf. Um jedes Feuer stand ein Kreis von Männern unter einer Zeltbahn, die ein Soldat zur Verfügung gestellt hatte. Und die Männer waren willens, so die Nacht zu verbringen. Wer mit in den Kreis wollte, musste ein Stück Holz mitbringen. Ich riss einen Ast von einem noch stehenden Baum und wurde in den Kreis aufgenommen. Wir husteten uns gegenseitig etwas vor, weil der Rauch genau um unseren Köpfen am dichtesten war. Zigarettenkippen machten die Runde und dabei stellte ich fest, dass ein großer Teil der Männer nicht so ausgeplündert war wie ich. Wir ließen uns einmal den Rücken und einmal den Bauch anwärmen.

So standen wir mit dampfenden Kleidern die ganze Nacht um ein kleines, qualmendes Feuer. Steife Beine, Hunger, Durst, todmüde mit einer langsam ansteigenden Wut gegen diese Weltverbesserer. Eines wurde mir in dieser Nacht klar: So kann es nicht weitergehen! Ich weiß nicht, ob ich Brüder oder Schwestern schockiere, wenn ich sage, dass ich mit meinem Gott und Vater in dieser Nacht ganz einfach, aber wohl sehr deutlich gesprochen habe. Ich hatte einige Übung aus Russland. „Vater, es gefällt mir hier absolut nicht. Hier muss ich heraus und wenn es geht, möglichst bald. Zeige mir Wege und Möglichkeiten dazu und erhalte mir die Gesundheit unter diesen miesen Umständen!"

Als Erstes drehte ER den Regenhahn zu und ließ kurz darauf sogar die Sonne scheinen. Ich weiß nicht, ob der Leser dieser Zeilen in der Lage ist, sich in unsere, in meine Lage zu versetzen. Jeder Mensch, der vom Regen überrascht wird, spannt einen Schirm auf oder versucht schnellstens, sich irgendwo unterzustellen oder schnell nach Hause zu kommen. Aber stell dich auf eine Wiese, ringsum keine Möglichkeit auszuweichen und lasse dich nass regnen, bis du die Jacke, die du anhast, auswringen kannst. Legen kannst du dich nur auf eine nasse, matschige, kalte Erde. Und das vierzehn Stunden lang, ohne etwas tun zu können.

Wenn es dann aufhört zu regnen, kommen dir vor Dankbarkeit die Tränen, wenigstens bei mir. Und dann schiebt ER die Wolken zur Seite und lässt Seine herrliche Sonne scheinen, die Spenderin und Erhalterin allen Lebens auf dieser Erde. Jacke aus, Hemd aus, Hose aus und alles an den Stacheldraht gehängt. Meine Haut war schnell trocken, besonders wenn ich mich dabei bewegte. Bei den Kleidern dauerte es eben etwas länger.

In der Folgezeit habe ich mich bei einsetzendem Regen immer gleich ausgezogen, wenigstens Rock und Hemd. Und wenn es stark regnete – so drei bis vier Mal – zog ich auch die Hose, Strümpfe und Schuhe aus und lief nur mit meiner kurzen Unterhose herum. Die konnte ich nachher einfach auswringen. Die Kleider versteckte ich in dem abgeschossenen Panzer, der sowieso etwas abseits stand. Trotzdem musste man auf alles aufpassen. Diebstahl war an der Tagesordnung.

Der erste Morgen nach dieser Regennacht ist mir noch in guter Erinnerung. Alle jungen Männer, die ja fast alle Soldaten gewesen waren, befanden sich in einer relativ guten Verfassung. Wer nass war, stand irgendwo am Feuer und wenn er fror, rannte er ein paar Runden über die matschige Wiese. Aus ihrer Soldatenzeit waren ihnen die widrigen Umstände meistens nicht unbekannt. Aber alle älteren und jüngeren Leute waren in einem bedauernswerten Zustand. Nass bis auf die Haut – aber buchstäblich – dreckverschmiert, irrten sie ziel- und planlos umher. Weinend und völlig apathisch boten sie ein Bild des Jammers. Andere hatten sich in die Erde eingegraben, die Ränder eingefallen waren die Insassen meistens erstickt. Etwa zwanzig Tote in unserem Bereich. Selbst für einen abgebrühten Soldaten eine Horrorvision.

Es ist nun leicht möglich, dass ich alle die Vorgänge, die in den nächsten Tagen und Wochen passierten und die es wert sind, erzählt zu werden, nicht der Reihe nach erzähle. Es ist ja alles schon 44 Jahre her.

Zwei Männer waren in einen erbitterten Streit geraten wegen einer Zigarette. Sie schlugen wild aufeinander los und bedachten sich mit wüsten Schimpfwörtern. Ich ging auf die beiden zu, um den Versuch zu machen, sie zu beruhigen und –

wenn möglich – sie zu trennen und da sah ich ihn zum ersten Mal. Er kam mit langen Schritten an. Ein Amerikaner, ein riesiger Kerl, breit wie ein Kleiderschrank, strohblond, stahlblaue Augen, völlig unbewaffnet, nur ein Khakihemd, mit Händen wie Bratpfannen. Wir kamen gleichzeitig bei den Streithähnen an. Einen Augenblick sah er mich an, um festzustellen, was ich hier wollte. Dann nickte er nur, und sagte in perfektem Deutsch: „Lass mich mal." Zwei Griffe und schon hatte er die beiden am Genick, hob sie etwa 40 cm hoch, als wären es Puppen und knallte sie dann wortlos mit den Köpfen aneinander, das es krachte. Dann ließ er sie los, und wie zwei nasse Säcke fielen sie auf den Boden. Hände in den Hüften sah er sie aus zwei Metern Höhe ganz freundlich an und fragte: „Noch was?" Wie geprügelte Hunde schlichen die beiden ab und rieben sich ihre Beulen.

Da sprach ich ihn wegen der Konservendose unter der Baracke an. Er lachte und sagte: „Komm mit!" Er ließ mich unter die Baracke kriechen und als ich mit der Dose hervorkam, nahm er sie mir ab, spülte sie in einem Eimer Wasser aus, ging in die Baracke und kam mit der Dose zurück, fast randvoll mit Fleisch und Bohnen. Dann schlug er mir auf die Schulter, dass ich seitlich einknickte, und ging lachend seines Weges. Diesen erstaunlichen Mann habe ich noch mehrmals in Aktion gesehen. Er sorgte auf seine Art und Weise für Ruhe und Ordnung, aber ohne Maschinenpistole.

Als ich sprachlos in die Dose sah, kamen mir wieder die Tränen. Was für einen Gott und Vater hatte ich doch. Es war nichts zu befürchten. Aber dann begegnete mir als Erster mein Bekannter aus Oberbantenberg.

Ich hielt einen Moment den Atem an. Nass, verdreckt und mit Haarsträhnen im Gesicht, mit einem Blick wie ein Irrer murmelte er unverständliches Zeug und gestikulierte dabei wild mit den Armen in der Luft. Er drehte durch, kein Zweifel. Wie war ihm zu helfen? Er brauchte eine Unterkunft, zumindest einen wasserdichten Mantel. Ich gab ihm die Hälfte von meinen Köstlichkeiten, aber damit war er nicht über den Berg.

Zum Glück war die Sonne warm. Ich ging mit ihm schnellen Schrittes durch das Lager, damit sein Kreislauf in Schwung kam. Aber nach kurzer Zeit wollte er schon nicht mehr. Da sah ich, wie sie auf der anderen Seite des Lagers anfingen, etwas zu bauen. Wir kamen näher. Sie bauten tatsächlich etwas, ein großes Zelt, wie es im Offizierscamp stand. Es ging sehr schnell, die Männer schienen Pioniere zu sein. Aber die letzten Verspannungsleinen waren noch nicht fest, da war das Zelt schon gerammelt voll. Mann an Mann, saßen sie in dem etwa fünfzig mal zehn Meter großen Zelt, die Knie angezogen. Um die letzten Plätze schlugen sie sich schon. Aber da nahte auch schon mein großer Freund. Als wenn ein Mann zwischen eine Rotte kläffender Köter gerät, so wirbelte er sie alle nach rechts und links in den Dreck, ohne ein Wort zu sagen. Dann sah er sich einen Moment um, ob noch jemand protestierte, und ging seiner Wege.

Meinen Bekannten hatte ich mit etwas Gewalt im Zelt untergebracht. Aber ich fragte mich, wie lange. Wer austreten musste, kam selten wieder herein, es sei denn mit Brachialgewalt. Ich lernte viele Leute kennen und viele ehemalige Soldaten. Gemeinsame Schwierigkeiten und gemeinsame Not bringen die Menschen schnell zusammen. Wir halfen uns gegenseitig bei vielen Gelegenheiten. Einer hatte herausgefunden, dass man Brennnesseln kochen und essen kann. Das Brennnesselfeld an der einen Seite des Lagers war ziemlich groß, aber was ist das schon, unter so vielen? Ein paar Tage jedenfalls aßen wir morgens, mittags und abends gekochte Brennnesseln. Natürlich ohne Gewürze, ohne alles, aber es schmeckte köstlich.

Für die Amerikaner schien die Versorgung so vieler Menschen ein großes Problem zu sein. Ich nehme jedenfalls nicht an, dass sie uns aushungern wollten. Offenbar kam einfach nicht genug heran. 180.000 oder 190.000 Menschen sind ja auch schon eine ganze Stadt und wir waren nicht das einzige Lager. Wenn ich alles zusammenzähle, was ich in diesen vier Wochen gegessen habe, dann waren es wahrscheinlich pro Tag ungefähr ein bis zwei Esslöffel voll. Zweimal bin ich in dieser Zeit auf die Latrine gegangen, mehr Verdauung hatte ich nicht.

Zwei Soldaten lernte ich näher kennen, einen Oberfeldwebel der Infanterie und einen Assistenzarzt (Leutnant). Er wurde zeitweise als Aushilfe in das Krankenzelt gerufen. Er kam auch ab und zu an ein paar Kekse. Wir schmiedeten zusammen viele Fluchtpläne, aber wenn es dann ernst wurde, machten die beiden nicht mehr mit. Zu meinem Glück, wie ich später feststellte. Mein himmlischer Vater hatte vorgesorgt. Die Flucht zu mehreren ging fast immer schief. Es war auch nicht so einfach. An den Stellen, an denen die Umzäunung noch nicht fertig war, versuchten die Männer immer wieder auszubrechen. Die Bewachung an diesen Schwachstellen war aber besonders scharf. Sie standen nachts in Sichtweite etwa fünfzig Meter auseinander, mit großen Stablampen, mit denen man auf einhundert Metern noch eine Zeitung lesen konnte. Dabei die Scheinwerfer von den Türmen. Von denen, die es trotzdem wagten, wurden fast alle auf den ersten einhundert Metern wieder gefasst. Und dann gab es Hiebe. Sie hatten lange Stöcke und schlugen damit unbarmherzig zu.

Ich war fast jede Nacht unterwegs und schlief tagsüber, weil dann das große Zelt etwas leerer war. An einer Stelle – es stand erst nur ein einfacher Zaun – sah ich einen jungen Mann, der sich am Zaun zu schaffen machte, obwohl es noch nicht richtig dunkel war. Ich sprach ihn an: „Komm, bleib da weg! Hier sehen sie dich doch sofort!" Sofort kamen ihm die Tränen. Er war 19 Jahre alt. Sein Vater bei einem Bombenangriff umgekommen. Seine Mutter und seine Großmutter krank im Bett. Und er musste sie versorgen. Sie hatten ihn auf der Straße einfach mitgenommen. „Ich muss hier raus!", sagte er immer wieder. Nach langem Zureden hatte ich ihn endlich so weit, wenigstens zu warten, bis es richtig dunkel war.

Ich ging weiter. Eine Viertelstunde mochte wohl vergangen sein, als plötzlich die Scheinwerfer angingen und ich den Befehl hörte: „Hands up!" – Ich rannte zurück. Und da lag er, jenseits des Zaunes in einer flachen Regenrinne, in der er unter dem Stacheldraht hergekrochen war. Er war nur fünfzehn Meter weit gekommen und hob im Liegen die Hände. Zwei Amis stürzten im Scheinwerferlicht mit vorgehaltener MP auf ihn zu. Einer von ihnen feuerte dem Jungen dann aus fünfzehn Metern Entfernung drei Schüsse in den Kopf. Ich sah die Leuchtspurengeschosse in seinem Kopf brennen. – Ich war Augenzeuge eines kaltblütigen Mordes geworden.

Was in einem Soldaten vorgeht, der sich vorgenommen hat, unter allen Umständen sauber zu kämpfen, und dann Augenzeuge wird, wie ein unbewaffneter junger Mann völlig grundlos aus nächster Nähe niedergeschossen wird, sogar bei erhobenen Händen, ist fast nicht zu beschreiben. Es war das zweite Mal in meinem Leben als Soldat, dass ich so etwas sah. Dann strömt mir das Blut in den Kopf, so dass ich an den Augenrändern Sterne sehe. Und alles, was in Römer 3,11–19 steht, trifft dann auf mich zu. Wenn ich in diesem Moment Handlungsfreiheit gehabt hätte, käme eine solche Bestie nicht mit dem Leben davon.

Während ich noch versuchte, meinen Zorn unter Kontrolle zu bekommen – ich konnte ja nichts machen –, wurde es hinter mir laut und es standen plötzlich Hunderte von Männern um mich herum mit Steinen in den Händen (wo hatten sie die nur so schnell her?). Aus der Dunkelheit strömten immer mehr Männer nach. „Mörder, Gangster", das waren noch die harmlosesten Wörter, die sie schrien. Sie bewarfen die Amis jenseits des Zaunes mit allem, was gerade greifbar war. Einige sprangen in eine nahegelegene „Scheißkuhle" und kamen mit Gefäßen – aus denen sie tagsüber aßen – voller Exkrementen an und schleuderten sie den Amis durch den Zaun ins Gesicht. Ihre Wut kannte keine Grenzen. Sie machten Anstalten, den Zaun zu stürmen.

Meine Wut hatte sich genauso schnell gelegt, wie sie kommen war. Und jetzt schwante mir Unheil. Ich machte mich klein und dünn und versuchte, zwischen den vorstürmenden Männern nach hinten zu kommen. Im ersten Loch tauchte ich unter. Und dann ging es auch schon los. Sirenengeheul, anfahrende Panzerfahrzeuge, scharfe Kommandos mit Megaphonen: „Fünfzig Meter vom Zaun zurück, alles hinlegen, zerstreuen" und schon ratterten die MGs und die Maschinenpistolen. Sie schossen zunächst über die Köpfe der Männer hinweg, aber eine ganze Reihe ist wohl doch getroffen worden – wie ich hinterher an den Sanitätsautos sah, die innerhalb des Zaunes auftauchten.

Die Leiche des erschossenen jungen Mannes wurde schnell abtransportiert, und noch bis tief in die Nacht standen die Männer des Lagers, in voller Erregung, in Gruppen zusammen. Selbst am Tage ließen sich die Amis an dieser Stelle am Zaun nicht sehen.
Offenbar hatten sie den „fuoro teutonicus" aus nächster Nähe erlebt.

An einer Seite ging eine Straße am Zaun vorbei, in etwa 30 Metern Abstand. Die Straße lag etwas tiefer als unser Lager. Bei jedem Wetter war diese Straße voller Menschen, meistens Frauen mit Kindern, die ihre Angehörigen suchten. Sie hatten sich Papiertrichter gemacht und riefen dann z. B.: „Ist der Karl Müller aus Duisburg da?" Immer und immer wieder. Und tatsächlich hatte das manchmal Erfolg. Entweder meldete sich der Gesuchte selbst oder ein Bekannter hatte ihn gesehen oder wusste, wo er war.

Und dann versuchten Frauen und Männer von der Straße aus, fertig geschmierte Butterbrote über den Zaun in das Lager zu werfen. In den allermeisten Fällen gelang es nicht, und die Päckchen landeten vor dem Stacheldraht. Dann kamen die Herren Amerikaner und spielten, vor unseren Augen, mit den Butterbroten Fußball. Ich will die Worte gar nicht wiederholen, mit denen die Amis bedacht wurden. Es zeigt sich nur immer wieder, dass die Menschen überall gleich sind, egal, welche Uniform sie tragen. Die Negersoldaten waren in den allermeisten Fällen anders. Ich habe mehrfach gesehen, dass sie das Butterbrotpaket aufhoben und über den Zaun zu uns hereinwarfen.

Dafür hatten die Schwarzen dann andere Gewohnheiten; auf dem Feldweg, der rings um das Lager führte, fuhren sie mit beschlagnahmten Fahrrädern, die Ärmel bis über die Ellenbogen aufgekrempelt und an jedem Arm sechs Armbanduhren. Auch beschlagnahmt, oder besser gesagt, einfach gestohlen. So fuhren sie Kreise und winkten uns freundlich zu. Sie waren oft wie die Kinder.
In einer dunklen Nacht sah ich plötzlich eine Ansammlung von Männern an einem halbfertigen Zaunstück. Außen an dem Zaun steht ein schwarzer Soldat, MP umgehangen. Er lässt dauernd Männer über den Zaun klettern und in der Dunkelheit verschwinden. Als ich näher komme, sehe ich es, er hat eine goldene Sprungdeckeluhr in der Hand und lässt dafür fünfzig Männer über den Zaun. Irgendeiner der Gefangenen müsste wohl diesen Handel mit ihm abgemacht haben. Ich hörte, wie er in gebrochenem Deutsch laut zählte: „Zweiundvier" (zig), „dreiundvier" (zig), und so weiter. Es ist nicht zu fassen, was mögen seine Vorgesetzten wohl mit ihm gemacht haben?

Es war noch nicht ganz hell, da hatten die Amerikaner alle Ausreißer wieder. Blutig geschlagen kamen sie in Einzelhaft, das heißt, in ein senkrechtes

Loch, in dem sie mit gefesselten Händen und Füßen gerade stehen konnten, bis zum Hals im Dreck. Oft tagelang. Einmal habe ich zugesehen, wie sie da wieder herauskamen. Total erledigt, verdreckt und beschmiert mit ihren eigenen Exkrementen, völlig kraftlos und oft ihrer Sinne nicht mehr mächtig. Ein paar Männer von uns mussten sie abholen.

Diese Art von Anschauungsunterricht ermutigte natürlich nicht zu weiteren Fluchtversuchen und sie beeinflussten meine Meinung über die Amerikaner auch nicht positiv.

Wehe wenn der Mensch Gewalt hat über einen anderen, der sich nicht wehren kann. Die Bestie wird sofort sichtbar.

Inzwischen war die Suche nach Essbarem zur Hauptbeschäftigung geworden. Die wenigen Bäume waren längst verschwunden, abgeholzt mit Taschenmessern oder kleinen Spaten. Wir kauten Baumrinde und Grashalme und kochten, wenn wir Holz fanden, Brennnesseln.

Das Wenige, was die Amerikaner hereinbrachten, war wie ein Tropfen auf den heißen Stein für jeden. Meistens war es einfaches Kommissbrot. Der Gesundheitszustand der meisten Lagerinsassen verschlechterte sich von Tag zu Tag, so dass mittlerweile jeden Morgen etwa fünfundzwanzig bis dreißig Tote aufgelesen werden mussten. Sie waren meistens einfach zusammengebrochen, hatten Selbstmord begangen oder waren in den Löchern, die sie sich gegraben hatten, erstickt, manche waren in der Nacht rückwärts in eine Jauchegrube gefallen und einfach ertrunken. Der Tod kam in mannigfacher Gestalt.

Bei all diesem Elend muss man dann noch mit ansehen, wie zwei Amis aus der Wachbaracke kommen. Der eine trägt einen großen Alueimer mit Deckel, der andere einen Benzinkanister und eine Maschinenpistole. Ungefähr fünfzig Meter vor der Baracke bleiben sie stehen und der eine schüttet den Inhalt des Eimers auf die Erde. Und siehe, fast nur gebratenes Fleisch, Koteletts und Hühnchen. Die Männer drum herum bekommen Stielaugen. Der zweite Amerikaner schüttet nun den ganzen Benzinkanister darüber und zündet es an. Dann entsichert er seine MP und passt auf, dass keiner die Flammen löscht, um sich noch etwas Essbares zu holen. In den Gesichtern der Männer, die um mich stehen, sind die Gedanken deutlich geschrieben. Es sind keinesfalls friedliche Gedanken.

Wenn man lange genug Soldat gewesen ist, dann hat man sich so seine Gedanken gemacht über den Soldaten im Allgemeinen und im Besonderen über die Soldaten der einzelnen Nationalitäten. Über unsere, über den Franzosen, den Belgier, Holländer, den Engländer, Russen und über die Amerikaner. Wenn sie alle in ihrer Uniform nebeneinander stehen, gibt es rein äußerlich wenig Unterschiede. Sobald man aber etwas länger mit ihnen zusammenlebt und es beim Dienst auf Leistung ankommt, unterscheiden sie sich plötzlich enorm. Charakter, Schulbildung, Erziehung, allgemeines Benehmen, besondere Fähigkeiten oder familiäre Bindungen. Alles wird dem aufmerksamen Beobachter plötzlich sichtbar. Nur eines haben sie alle gemeinsam, sie sind alle gefallene Menschenkinder, die vielleicht oftmals das Gute wollen, es aber auf Dauer nicht schaffen.

Und wenn dann der Kampf ums nackte Überleben beginnt, wie bei denen, die eingesperrt und entwaffnet sind, dann kommt der wahre Mensch zu Tage. Und was das Verheerende ist, ein Mensch mit Verstand.

Herkunft, Kultur und Zivilisation, sie werden abgeworfen wie ein Mantel den man auszieht. Das geht bei dem einen blitzschnell und bei einem anderen dauert es etwas länger. Mit einer solchen Rücksichtslosigkeit und Brutalität wird dann oft vorgegangen, besonders dann, wenn die Menschen, die sich in einer solch extremen Situation wie einer Gefangenschaft befinden, keine Beziehung zueinander aufbauen konnten, wie es Soldaten tun, die längere Zeit in derselben Einheit zusammen waren.

Dagegen steht der Mensch, der auf der Seite der Sieger steht. Plötzlich verfügt er über ein unwahrscheinliches Kontingent an Macht. Der Entmachtete und Entwaffnete vor ihm ist ihm auf Gedeih und Verderb ausgeliefert. Ganz anders als bei einer Kampfhandlung, wo beide Seiten bewaffnet sind und sich wehren können.

Hier im Lager genügte das Krümmen eines Zeigefingers, um den anderen auszulöschen. Die Verhaltensweisen von Menschen in solchen – vermeintlichen – Machtpositionen können sich abrupt ändern, denn Macht verdirbt den Charakter. Was sie unter normalen Umständen in ihren Lebensbereichen niemals getan hätten, üben sie jetzt mit der größten Freude aus. Dem anderen Gedemütigten zu zeigen, dass er für ihn nur Dreck ist, wird zur inneren Genugtuung. Und wer von sich behauptet: Das kann mir nicht passieren, der kennt sich selbst noch nicht.

Für mich haben diese Erlebnisse nur die Wahrheit der Bibel bestätigt, wo der Mensch beschrieben wird, wie er ist, ohne Maske und Tünche. Natürlich wird dort auch beschrieben, wie er sein sollte. Nur, wo ist der Mensch, der annähernd an dieses Ideal herankommt? „Du sollst deinen Nächsten – der gerade neben oder vor dir steht – lieben wie dich selbst." Das ist die Summe des Gesetzes, sagt die Bibel, nur für einen in Sünde geborenen Menschen nicht nachvollziehbar.

Ich musste etwas unternehmen wegen meinem Bekannten aus Oberbantenberg. Er versank in Schwermut und Lethargie. Mein Plan war fertig und in einer finsteren Nacht machte ich mich ans Werk. Aus dem abgeteilten Offizierslager musste ich einen dieser schweren Gummimäntel für diesen Mann holen. Mir blieben etwa zweieinhalb Stunden Zeit. Den doppelten Stacheldrahtzaun überwand ich leicht, weil die K-Rollen fehlten. Zuerst umrundete ich das ganze Feldlager. Es waren vier große Zelte, die mit geringem Abstand zueinander aufgestellt waren. Tage zuvor schon hatte ich die Vorgänge im Hellen und bei Nacht beobachtet. Es gab keine Wachposten oder Kontrollen. In einem der Zelte hatte ich viele Offiziere der unteren Dienstgrade gesehen. Leutnants und Oberleutnants, die bei Regen diese bis zum Boden reichenden, gefütterten Mäntel trugen. Davon musste ich einen haben.

Erwähnen will ich noch, dass derjenige, der beim Kameradendiebstahl erwischt wurde, schwere Prügel bezog und dann für einen ganzen Tag mitten in eine Latrinengrube gestellt wurde.

Dieses Zelt, in dem die gefangenen Offiziere Gummimäntel trugen, hatte ich mir ausgesucht. Erstens hatten sie ein Dach über dem Kopf, zweitens, schliefen sie auf Feldbetten und nicht auf dem nassen Boden. Und drittens hatten sie oft zwei oder mehr Mäntel, wie ich nachher auch feststellte.

Der Eingang war zur besseren Belüftung offen. Ich durfte mich hier aber als Zivilist nicht sehen lassen, ohne sofort das größte Misstrauen auf mich zu ziehen. Also war ich mit drei langen Schritten am Eingang und verbarg mich hinter der zurückgeschlagenen Eingangszeltbahn. Ich konnte immer schon im Dunkeln gut sehen, diese Fähigkeit hat mir schon während des Krieges eine ganze Reihe unangenehmer Aufträge eingebracht. Hier im Zelt war es stockfinster, ich musste mich zunächst auf mein Gehör verlassen.

Es ist erstaunlich, welche Leistungen unsere Sinne vollbringen, wenn man alle zurückdrängt und sich nur auf einen einzigen konzentriert, vorausgesetzt, man hat etwas Erfahrung darin. In meinem Fall war es nun das Gehör. Nach einer halben Minute hörte ich den mir am nächsten liegenden Soldaten schon deutlich atmen und im Hintergrund einige gedämpfte Geräusche. Hier und da rauchte einer und im Aufleuchten der Glut war dann mein matt beleuchtetes Gesicht zu sehen. Einer machte ganz kurz eine Taschenlampe an. Wahrscheinlich suchte er etwas, und im matten Wiederschein der Lampe hatte ich mit einem einzigen Blick eine Vorstellung vom Inneren des Zeltes. Ein ca. zwei Meter breiter Gang in der Mitte und rechts und links einfache Feldbetten mit dem Fußende zum Gang. An jedem Fußende stand ein schmaler Schrank oder ein Gestell, an dem Uniformteile hingen. Ich hatte genug gesehen.

Ich ging einfach in die Mitte des Ganges und machte noch ein paar vorsichtige Schritte. Dann näherte ich mich dem Fußende eines Bettes und nachdem mein Gehör mir sagte, dass alle ringsum schliefen, tastete ich alles ab. Vorsichtig, ganz vorsichtig. Nichts durfte sich bewegen oder rappeln, außerdem musste ich mich davor hüten, dass jemand aus der Tiefe des Zeltes meine Silhouette gegen den offenen Eingang sehen konnte. Gasmaske, eine volle Feldtasche, Uniform – Leutnant –, Wolldecken, Feldflasche. Die Burschen hatten mal wieder alles. Kein Mantel.

Am vierten Bett wurde ich fündig. Schwerer Kradmantel, große Zeltbahn, ein Rock, ein Stoffmantel – Oberleutnant –. Lieber Mann, du hast einfach zu viele Sachen dachte ich. Einen Moment lang war ich versucht, auch für mich einen Mantel mitzunehmen. Aber ich wollte ja kein Gepäck. Ganz, ganz vorsichtig löste ich den Mantel und zog ihn Zentimeter für Zentimeter von dem Gestell ab. Der Oberleutnant ächzte und drehte sich herum.

Aber da war ich schon auf dem Weg nach draußen. Gegen den Eingang konnte ich sehen, dass zwei Männer hereinkamen, wahrscheinlich vom Austreten. Mit einem Griff legte ich mir den Mantel um die Schultern. Meine Zivilmütze hatte ich schon abgenommen, als ich das Zelt betrat. Im selben Augenblick machte einer der beiden seine Taschenlampe an und leuchtete vor sich auf den Boden. Zum Glück waren die Batterien schon ziemlich verbraucht. Die Lampe gab nur noch einen schwachen Schein.

Dann war ich draußen. An der Hinterseite des Zeltes war mein Übergang. Die Rangabzeichen machte ich sofort ab und vergrub sie. Durch die beiden Zäune zu gelangen, war auch diesmal kein Problem. Bis zum Morgen war ich wirklich warm angezogen mit diesem Mantel. Es war schon eine Wohltat, ein solches Kleidungsstück zu besitzen. Als es hell wurde, fand ich meinen Bekannten. Er war wahrhaftig am Ende. Er redete wirres Zeug und stank dazu fürchterlich. Er musste die Hosen voll haben. Wahrscheinlich hatte er Ruhr oder Typhus oder etwas Ähnliches. Als ich ihm den Mantel gab, wollte er es zuerst nicht glauben. Nur langsam begriff er, dass er nun Besitzer eines sehr guten Mantels war. Mit Augen voll Tränen sah er mich nur an, nickte und ging weg. „Lass ihn dir nicht klauen", rief ich ihm noch hinterher.

Nach zwei Tagen sah er schon viel besser aus. Er ist auch wieder nach Bielstein gekommen, viele Monate später, zu Frau und Kindern. In Bielstein erzählte er, einer, der auch aus Bielstein komme, habe ihm das Leben mit einem Mantel gerettet. Ich weiß es nicht. Ich weiß auch nicht, ob jemand, der ein Kind Gottes ist, verstehen kann, dass ich den Diebstahl eines Mantels mit einem Gebet um Hilfe beginne und bei der Ausführung ständig meinen Herrn weiter um detaillierte Hilfe anrufe. Ich hatte keine Schwierigkeiten dabei. Die Umstände waren so extrem, dass einer, der nicht Ähnliches erlebt hat, einfach nicht mitreden kann. Im ganzen Krieg habe ich nicht so viel Elend, Verzweiflung und Hilflosigkeit in menschlichen Gesichtern gesehen wie hier.

Sicher hat es in vielen Krisengebieten schlimmere Situationen gegeben als hier im Lager. Wenn ich an die Bombennächte mit Feuerstürmen und zusammenbrechenden Häusern und an das namenlose Flüchtlingselend der Ostdeutschen denke. Aber hier war ich aufgerufen, das mir Mögliche zu tun, mit allen mir zur Verfügung stehenden Mitteln. Dabei wurde der Offizier in keiner Weise beschädigt. Der Mantel gehörte ihm nicht einmal.

Mein Fluchtplan war im Groben fertig. Alles andere musste ich dem Augenblick überlassen. An der Stelle, wo der abgeschossene Panzer stand, wollte ich es versuchen. Das Gelände jenseits des Zaunes schien mir am geeignetsten. Hinter der äußeren K-Rolle befand sich ein schmaler Grünstreifen und dahinter ein Weg von etwa zweieinhalb Metern Breite. Dann kam ein Kohlrübenfeld, etwa einen halben Meter hoch bewachsen mit großen Blättern, die mir mit Sicherheit gute Deckung boten, besonders so dicht am Weg. Das Kohlrübenfeld war in meiner Fluchtrichtung ca. fünfhundert Meter tief, leicht abfallendes Gelände, und grenzte an eine Straße. Auf der anderen Straßenseite standen große Bäume. Darunter sah ich in vielen Beobachtungsnächten rauchende Wachsoldaten. Allerdings nur nachts, am Tage nicht. Hinter den Bäumen stand eine ziemlich dichte Hecke. Bei Mondlicht schimmerte Wasser hinter der Hecke. Wahrscheinlich ein Bach. Dahinter kamen dann Wiese und Wald. Auf der Wiese führte eine Bahnlinie entlang, auf der aber während meiner gesamten Lagerzeit kein Zug fuhr. Meine Fluchtrichtung war Süden, also erst einmal richtig.

Die Wachposten vor mir am Zaun waren einzeln und etwa einhundert Meter auseinander. Sie bewegten sich langsam hin und her. Von 0200 bis 0600 waren es Doppelposten. Jeeps brachten jeweils die Ablösung. Die Stelle, an der ich heraus-wollte, lag genau zwischen zwei Wachtürmen. Die Erde war weich, also leicht zu graben und dies-seits des Stacheldrahtes war hin und wieder leichtes Gestrüpp. Das war besonders wichtig für den ersten Teil der Flucht, bis ich zwischen den Zäunen war. Meine beiden Fluchtkumpane, der Oberfeldwebel und ein Assistenzarzt, hatten wieder einmal abgesagt.

In unserem Bereich hatten sie eine Nacht zuvor drei Mann geschnappt. Im Licht der Scheinwerfer eines Jeeps und traktiert von den Stockschlägen der Amis. Der Mut konnte einem schon vergehen.

Aber dann legte ich ein Vlies aus vor meinem Herrn, wie damals Gideon. Wenn es leicht regnet und die Bewölkung zeitweise aufreißt, so dass ich Mondlicht habe und meine beiden Kameraden wieder absagten, dann sollte es für mich das Zeichen sein, nicht mehr zu zögern. Mein Herr tat noch mehr. Der Assistenzarzt hatte plötzlich eine richtige Drahtschere zur Verfügung, mit der er am Nachmittag in der Krankenstube Drahtgestelle geschnitten hatte. Er hockte sich hinter den kaputten Panzer und nahm mir das Versprechen ab, die Schere nach der ersten K-Rolle wieder zurückzubringen. Am Morgen musste sie wieder zur Verfügung stehen. Gesicht, Hände und Nacken hatte ich mit Erde und Matsch eingeschmiert. Es war 11:30 Uhr auf der Uhr des Assistenzarztes. Um 12:00 Uhr war Wachablösung, und bis 2:00 Uhr, dem Zeitpunkt, an dem die Wachen verdoppelt wurden, hatte ich also zweieinhalb Stunden Zeit. Die Bewölkung war dünn und es regnete leicht.

Ich hatte etwa zehn Drahthaken in der Tasche, die ich von der Querverstrebung des Zaunes gelöst

hatte, mein Taschenmesser und vier Konservendosendeckel als Spaten. Zwei Kekse brachte der Assistenzarzt mir noch mit. Mit einem „mach's gut"
verabschiedeten wir uns. Ich wusste nicht einmal,
wie er heißt. Ein Stoßseufzer zum Himmel und los
ging's. Ich verließ die Deckung des Panzers. Bis
zum Zaun waren es etwa vierzig Meter.

Flach wie eine Flunder schob ich mich über die
Erde, immer den Blick zu den Wachposten, die ich
im Dunkeln undeutlich erkennen konnte. An den
K-Rollen angekommen machte ich mich mit der
Drahtschere sofort ans Werk. Die Spannung, die
bei den auseinandergezogenen Drahtrollen ent-
steht, lässt sie beim Durchschneiden zurück-
schnellen und das war absolut nicht leise. Das
Knacken der Zange und das Rasseln beim Zurück-
schnellen des Drahtes kam mir vor wie das Getöse
beim Abreißen eines Hauses. Also wartete ich jeweils, bis die Posten am weitesten von mir weg
waren. Dann machte ich rasend schnell und hielt
die Drähte etwas zurück. Plötzlich sah ich in der
Ferne Scheinwerferlicht eines Jeeps, der die
Wachablösung brachte. Auch die Wachposten waren für einen Moment abgelenkt. Ich machte ein
paar schnelle Schnitte und war durch die K-Rollen
am Zaun. Ich machte kehrt, um die Zange zurückzubringen. Er kam mir schon entgegen, ich warf
ihm die Zange zu und war schon wieder am Zaun.
Jetzt kam die Ablösung.

Der neue Posten schien ein gründlicher Mann zu
sein. Er zückte als Erstes seine Stablampe und

leuchtete den Zaun ab. Das kam so plötzlich, dass er mich in halb aufrechter Stellung erwischte. Ich erstarrte zur Salzsäule und schloss die Augen. Das ist sehr wichtig. Mein Gesicht war dreckverschmiert. Es war sehr unwahrscheinlich, dass der Posten mich durch das Drahtgewirr sah. Aber die Augen phosphoreszieren bei Nacht und besonders meine, wie ich es von Russland her wusste. Also Augen zu und völlige Erstarrung. „Herr, schlage ihn mit Blindheit" betete ich. Er tat es. Zwei Sekunden leuchtete er mir voll ins Gesicht. Dann sah ich durch die Lider, dass der Lichtstrahl weiterwanderte. Der Mann schien zufrieden und wandte sich ab. Ich nahm meine Drahthaken und zog den Stacheldraht des Zaunes hoch, bis ein ca. zwanzig Zentimeter breiter freier Raum entstand. Da kam ich durch und war also in relativ kurzer Zeit im Mittelgang zwischen den beiden Zäunen.

Aber nun begann erst der schwierigste Teil. Wieder unter dem Zaun her und dann war ich mitten in der K-Rolle auf der äußeren Seite des Zaunes. Diesmal ohne Drahtschere und direkt hinter dem Wachposten. Es war ein Alptraum, immer wieder hing ich mit meinen Kleidern in dem Zaun fest und müsste mich langsam, ganz langsam lösen. Ich weiß nicht mehr, wie oft die Posten den Zaun abgeleuchtet haben. Es schien mir viel mehr, als sie es sonst bei meinen Beobachtungen in den Nächten getan hatten. Scheinbar machte ich sie unruhig mit meinen leisen Geräuschen. Mehrere Male traf mich der Lichtkegel ihrer Lampen. Immer wieder Augen zu und absolute Erstarrung und der

Ruf: „Herr, schlage sie mit Blindheit." Und immer wieder hörte ER. Heute noch sei sein Name dafür gepriesen. Mehrere Male standen sie nur ein paar Meter von mir entfernt und leuchteten über mich hinweg in den Zaun. Und dann hörte es auch noch auf zu regnen, die Bewölkung riss zeitweise auf und alles lag in schönstem Mondlicht. Aber gerade jetzt brauchte ich keines. Im Himmel schien es wohl anders beschlossen zu sein.

Ich konnte nur ganz, ganz langsam weitermachen. Aber nach einiger Zeit war ich hindurch. Mein Zeitgefühl sagte mir, dass ich mich beeilen musste. Meine Finger schmerzten vom Graben mit den Deckeln der Konservendosen. Soweit ich feststellen konnte, waren Jacke und Hose nur noch Fetzen und meine Hände bluteten. Ich löste mich ein letztes Mal vom Stacheldraht und wandte mich dem Kohlrübenfeld zu und dann sah ich plötzlich die Scheinwerfer eines Jeeps den Weg entlangkommen. Mit einem Satz wollte ich über den Weg und im Feld verschwinden, aber da war es schon zu spät. Die beiden Wachposten kamen direkt auf mich zu. Der Jeep hielt immer nur ganz kurz bei jedem Posten, so lange, bis er sie verteilt hatte. Er musste ja mehrmals fahren.
Gerade konnte ich mich noch der Länge nach unter die Rundung einer K-Rolle legen, das Gesicht zum Zaun hielt ich die Drahtrollen zusammen. Zwei Meter neben mir blieben sie stehen. Gerade war der Mond hinter einer neuen Wolke verschwunden. Wahrscheinlich hatte der Jeep die beiden Wachen geblendet, sonst hätten sie mich

sehen müssen. Auch die Männer im Jeep, die also vom Dunklen ins Helle guckten, hatten mich anscheinend nicht bemerkt.

Heute noch bin ich sicher, dass der Engel, den mein Vater extra für mich abgestellt hatte, für mich tätig war. Er sollte noch einiges zu tun bekommen in dieser Nacht.

Mit einem Ruck hielt der Jeep genau neben mir. Wenigstens lag ich nicht im Scheinwerferlicht. Sie stiegen aus und standen fröhlich plaudernd im Kreis, vielleicht sechs Mann, genau weiß ich es nicht mehr. Sie holten Zigaretten aus den Taschen, gaben sich Feuer und taten so, als ob dieser Ort hier – genau neben mir – der geeignetste Platz für eine Pause wäre. Nachdem sie alle Feuer hatten, stellten sie sich zurecht, unterhielten sich und lachten schallend. Einer stand mit seiner Wade an der Rundung des Stacheldrahtes und mit seinem Absatz auf meinem Jackenärmel. Nur drei Zentimeter weiter und er hätte auf meinem Arm gestanden.

Hinterher wundert man sich dann, dass in einer solchen Situation das Herz einfach weitergeschlagen hat. Mir schien es stillzustehen. Ganz leise konnte ich nur rufen: „Herr, lass ihn ruhig stehen." Mein Herr ließ ihn ganz ruhig stehen. Er verlagerte nur manchmal sein Körpergewicht von dem einen auf den anderen Fuß. Ich konnte es an dem Druck auf meinem Ärmel spüren. Die Wolke, die mein Engel vor den Mond geschoben hatte, war so groß und es wurde so düster, dass selbst der Soldat, der am anderen Ende der Gesprächsrunde stand und mir zugekehrt war, mich nicht sah.

Jetzt schlug mir das Herz bis zum Hals und so laut, dass ich meinte, es müsste meilenweit zu hören sein. In solchen Umständen können acht bis zehn Minuten acht bis zehn aneinandergereihte Ewigkeiten sein. Ich sagte mir immer wieder: „ruhig, ruhig, flach atmen und keinerlei Bewegung." Der Dreck im Gesicht kitzelte, aber die Amis waren dabei, sich Witze zu erzählen. Sie waren alle mit Blindheit geschlagen und mein Mann stand ruhig auf seinem Fleck, auf meinem Ärmel.

Aber dann war es so weit. Sie schnipsten ihre Kippen weg, nahmen ihre Maschinenpistolen und traten ihre Wache an, ihre Schritte entfernten sich. Die anderen fuhren weiter. Ganz langsam ließ ich Luft ab und atmete ein paar Mal kräftig durch. In Zeitlupe drehte ich meinen Kopf um. Der Mond war dabei, hinter der großen Wolke hervorzukommen. Noch zwei oder drei Minuten und ich lag wie auf dem Präsentierteller.
Ich prüfte, ob ich irgendwo am Stacheldraht hing und lockerte meine Glieder von den langen Stillliegen. Aus meiner Grundausbildung rief ich mir ins Gedächtnis, wie ich mich zu verhalten hatte, wenn ich aus einer liegenden Stellung weit, leise und schnell springen musste. Die vier Posten gingen von mir weg und dann schnellte ich mich flach über den Weg in das Rübenfeld.

Scheinbar war ich doch nicht ganz so lautlos gewesen. Ein Posten fuhr mit seiner Taschenlampe herum und leuchtete den Zaun ab. Zum Glück die falsche Seite. Ich hatte gerade noch Zeit ca. zwei Meter weiter ins Rübenfeld zu robben. Dann schwenkte er herum und leuchtete auf den Acker. Ich lag regungslos unter den großen Blättern. Noch einmal: „Herr, schlage ihn mit Blindheit." Ich weiß nicht, wie oft ich das in den letzten beiden Stunden gerufen habe. ER tat es wieder. Der Engel war noch da. Aus den Augenwinkeln sah ich meine hellerleuchtete Kappe und meine Haare. Aber die im Nachtwind hin und her huschenden Schatten der großen Blätter mussten meine Körperumrisse wohl verbergen. Außerdem war der Engel ja da. Die Lampe ging aus.

Aber jetzt kam der Mond. „Herr, noch 30 Sekunden!" Der Mond verschwand wieder und schon war ich in Bewegung. Langsam, aber stetig kroch ich durch eine Furche im Feld, so platt wie möglich. Ich war immer bemüht, die großen Blätter nicht mehr zu bewegen, wie es der Nachtwind tat. Der Schweiß spülte mir den Dreck aus dem Gesicht. Und dann lag das Feld in vollem Mondschein. Aber da war ich schon fast fünfzig Meter weit im Feld. Ich legte eine Ruhepause ein und wartete auf eine neue Wolke, die sich dem Mond näherte.

Meine Aufmerksamkeit galt jetzt dem Posten vor mir unten an der Straße. Er stand rauchend genau in meiner Richtung unter einem großen Baum. Ich wich etwas nach rechts aus, aber nur wenig, um nicht seine Aufmerksamkeit zu erregen. Die letzten einhundert Meter kroch ich wieder flach auf der Erde. Nur in den Momenten, wenn er von mir weg ging, bewegte ich mich etwas schneller. Dieses Mal musste ich wohl im Mondlicht über die Straße. Ich sah ihn deutlich von mir weg gehen, ungefähr 80 Meter weit. Jeden Augenblick konnte er sich umdrehen. In der anderen Richtung war nichts zu sehen. Also „Herr, hilf!" und mit langen, leisen Schritten war ich über die Straße und hinter einem dicken Baum. Keine Taschenlampen, keine Schüsse, kein Geschrei. Ich atmete tief durch und dankte meinem Herrn.

Es wurde langsam hell und ich war noch längst nicht in Sicherheit. Hinter der Hecke war ein ca. fünf Meter breiter Wassergraben. Ruhiges Wasser, wie tief konnte ich nicht sehen. Die Hecke vor mir war an einer Stelle etwas dünn. Ich kam gut durch und sah mich vorsichtig um. In etwa fünfzig Metern Entfernung fing der Wald an, mit viel Unterholz. Davor der Bahndamm, eingleisig. Ich stellte keinerlei Bewegung fest und ließ mich vorsichtig und so leise wie möglich ins Wasser gleiten. Das Wasser ging mir bis zur Taille. Ich watete vorsichtig, aber zügig hindurch. Der Posten an der Straße musste längst auf dem Rückweg sein. Und da sah ich ihn. Er stand etwas abseits und ich meinte, dass er genau zu mir herüberschaut. Sofort erstarrte ich wieder und ging langsam in die Knie, bis mein Kopf unterhalb der Böschung verschwunden war. Das Wasser reichte mir bis unter die Arme.

Fast eine halbe Minute blieb er stehen und sah unentwegt in meine Richtung. Wieder musste mein Engel in Aktion treten, dann wandte er sich um und ging. Langsam kam ich aus dem Wasser, damit es nicht plätscherte. Immer aufmerksam das Gelände ansehend, war ich über dem Bahndamm zwischen den Bäumen im Unterholz. Alles ausgezogen und ausgewrungen. Dann zog ich die nassen Sachen wieder an und marschierte vom Unterholz gegen Sicht vom Lager aus geschützt zügig los, den Bahndamm entlang. Er verlief etwas südwestlich, also vom Lager weg. Aber wo sollte ich bleiben, wenn es gleich hell wurde?

Aber mein himmlischer Vater hatte schon alles geregelt. Ich weiß nicht, wie lange ich marschierte, aber lange kann es nicht gewesen sein. In einer Senke rechts vor mir sah ich ein Gehöft. Ein Bauernhaus, zwei große Scheunen, einen langen Stall, viele Ackergeräte in einer Remise. Jetzt kam es auf den Hund an. Ich kam langsam näher, kein Gebell, nichts regte sich. Alles an Deckung ausnutzend, was die Natur mir hier bot, kam ich langsam der Sache näher. In etwa einhundert Metern Entfernung blieb ich stehen und wartete und beobachtete. Nichts regte sich, kein Laut war zu hören außer einem Hahn, der sein „Kikeriki" in den Morgen schrie.

Fast alle Gebäude um einen großen Innenhof. An einer Seite stand das Wohnhaus, dahinter die Ställe, dann die Scheunen und Remisen. Im Matsch des Hofes entdeckte ich dann die verräterischen

Spuren amerikanischer Jeepreifen. Mit den Augen suchte ich einen Fluchtweg. Er bot sich nur in Richtung Wald an und das war reichlich weit und fast ohne jede Deckung. Ich musste es wagen, also kam ich aus meiner Deckung und ging schnurstracks in den Hof. Ich muss noch erwähnen, dass ich mich unterwegs an einem kleinen Wasser etwas frisch gemacht hatte, jedenfalls hatte ich es versucht. Einen Spiegel hatte ich nicht.

Links befand sich ein kleiner Vorbau mit einer Tür, sie war mir am nächsten. Ich öffnete vorsichtig, Stallgeruch. Ich befand mich in einer Art Waschküche, gegenüber eine weitere Tür mit einem etwa 15 x 15 cm großen Glasfenster. Mit zwei langen Schritten war ich an der Tür und sah durch das Fenster. Ein ziemlich großer Stall voller Kühe. Neben der Tür in die Waschküche stand ein gemauertes Becken mit zwei großen Milchkannen, die in einem Wasserbad standen. Beide waren bis oben gefüllt mit Milch. Daneben an der Wand hing ein kleines Hängeschränkchen. Auf dem untersten Brett lagen fünf Scheiben Schwarzbrot. Sie waren rund gebogen und einseitig mit einer dicken Schimmelschicht bedeckt.

Ich nahm meine Mütze ab, faltete meine Hände und dankte meinem Gott und Vater für dieses erste Frühstück nach vier Wochen. Dann tauchte ich meine Hand in die Milch, um die Sahne abzuschöpfen und abzulecken. Ich weiß nicht wie oft. Danach schabte ich den Schimmel von dem

Schwarzbrotscheiben und aß. Herrliche Milch und verschimmeltes, ausgetrocknetes Schwarzbrot.
Ich könnte zweihundert Jahre alt werden, dieses Frühstück würde ich nicht vergessen. Jeder Bissen ein Dankeschön an meinen himmlischen Vater.

Ich hatte im Schnitt jeden Tag einen Esslöffel voll gegessen, und das vier Wochen lang. Als ich zuhause ankam wog ich noch 52 kg, nachdem ich fast eine Woche lang wie ein Wilder gegessen hatte. Während der ganzen Zeit im Lager hatte ich nur zweimal Stuhlgang und das auch nur sehr wenig.

Während ich noch genüsslich kaute und umherblickte – es war noch sehr früh –, sah ich plötzlich in dem kleinen Stallfenster ein Männergesicht. Er betrachtete mich mit ausgesprochen gleichgültiger Miene. Mir half nur die Flucht nach vorne und so öffnete ich die Tür, sagte artig „Guten Tag". Und erklärte ihm in kurzen Worten, woher ich kam und dass ich hier ohne zu fragen an Brot und Milch gegangen war, und weshalb. Er hatte Melkschemel und Eimer in der Hand – der Melker – und nickte nur. Dann sagte er, ich solle rüber in die Scheune gehen. Eigenartig diese fast gleichgültige Reaktion. Fünf rote Lampen gingen in meinem Kopf an und ich war misstrauisch bis in die Haarspitzen. Glaubten sie etwa, mich schon wieder im Sack zu haben?

Den Rest des Brotes steckte ich in meine Jackentasche und ging leise zur Tür. Gegenüber war der

Heuboden. Unten standen Geräte und eine lange Treppe führte nach oben. Nichts regte sich, kein Laut, nur das stampfende Geräusch der Kühe im Hintergrund. Ich war drauf und dran, das Gehöft zu verlassen. Da kam lautlos ein Junge die Treppe herunter, circa dreizehn Jahre alt und stand vor mir. Er bekam einen gewaltigen Schrecken, fasste sich aber schnell wieder, drehte sich um und winkte mir, ihm zu folgen.

Er sauste vor mir die lange Treppe hinauf. Ich folgte ihm langsam, leise und jederzeit bereit, sofort umzudrehen. Aber der Junge war friedlich. Wir standen in einem großen Raum, fast leer. An einer Seite war ein großer Vorhang über die ganze Länge des Raumes, dahinter anscheinend Kleider. Geradeaus der Heuboden. Der Junge kam direkt zur Sache, schweigend besah er mich von oben bis unten, dann wollte er einmal um mich herum. Aber ich war noch zu unsicher und drehte mich mit. Er lächelte etwas und meinte, ich solle ruhig stehen bleiben. Er umrundete mich einmal nachdenklich. Ein zerlumpter, verdreckter, abgerissener Bursche, nichts Vertrauenserweckendes an ihm. Im Gegenteil, sehr wachsam und gefährlich. Bestimmt kein gewöhnlicher Zivilist. Man konnte ihm ansehen, dass er zu diesem Ergebnis gekommen war.

Dann kamen seine Fragen, kurz und sachlich: „Lager?", „Ja!", „Heute Nacht?", „Ja!" „Wirst du verfolgt?", „Ich glaube nicht!" „Was hast du vor?", „Wenn´s geht schlafen und essen!" „Und dann?" „Weiter!" „Wohin?" „Über den Rhein in Richtung Wuppertal!" Er umrundete mich noch einmal. Dann zog er den langen Vorhang zur Seite und ich bekam Stielaugen. Etwa zehn Meter lang nur Garderobe. Fast alle Formen deutscher Uniformen und viel Zivilzeug. Er erklärte mir, sie hätten das alles in den letzten sechs Monaten gesammelt. „Zieh den nassen, dreckigen Kram aus!", befahl er. Im Nu hatte er Unterwäsche, eine alte Hose, einen Pullover und eine Jacke aus dem Kleiderschrank geholt. Ich zog mich um, endlich trockene Sachen auf meiner Haut, das Gefühl ist nicht zu beschreiben.

Beim Umziehen erklärte er mir die Umstände: „Du bist ungefähr zwei Kilometer vom Lager weg, dreimal täglich kommt eine Patrouille der Amerikaner vorbei und kontrolliert den Hof manchmal gründlich. Du verschwindest dahinten im Heu und schläfst erst einmal. Dann gibt es Essen, und dann sehen wir weiter." Den Jungen hatte der Himmel geschickt, kein langes Palaver, nur das Wichtigste und er handelte sofort. Ich fragte ihn noch, ob viele Flüchtlinge aus dem Lager hierherkämen. Er sagte: „Seit der Zaun fertig ist nur noch ganz selten." Ich kroch ungefähr fünfzehn Meter weit über den Heuberg bis in die äußerste Ecke, wühlte mir ein herrliches Loch, faltete meine Hände und dankte meinem Gott und Vater. Bis hierher hatte der Herr geholfen! Ich schlief sofort ein.

Wenn ich mich einigermaßen sicher fühle, kann – oder konnte – ich sehr schnell und tief schlafen.

Es war Nachmittag, als ich erwachte. Ich versuchte angestrengt, mich zu erinnern, welches Geräusch mich so schnell und gründlich hatte wach werden lassen. Und da war es wieder. Englische Worte, mit dem typisch amerikanischen Slang. Sie kamen vom Hof. Ich suchte nach einer Ritze im Dach, um etwas sehen zu können. Zwei Dachpfannen lagen nicht richtig aufeinander und ich half etwas nach und sah in den Hof. Ein amerikanischer Jeep, der Fahrer ein Neger. Ein zweiter stand neben dem Wagen. Zwei weitere kamen gerade mit einem Zivilisten aus dem Haus gegenüber, wahrscheinlich der Bauer. „Alles okay!", rief einer der Amis. Der Bauer nickte, alle vier Solcaten stiegen ein und fuhren ab. Wahrscheinlich die von meinem kleinen Freund angesagte Patrouille.

Vorsichtig kletterte ich zurück in die „Kleiderkammer". Ich brauchte nur leise zu zischen, da war er wieder da. Er umrundete mich wieder und entfernte das Heu von meiner Kleidung. Dann stellte er sich vor mich hin, sah mich treuherzig an und sagte: „Du bist gar kein Zivilist". „Sondern?" „Du bist ein alter Soldat" Ich sah ihm aufmerksam in die Augen, um festzustellen, ob auch kein Falsch an diesem jungen Kerl war.

Es hätte mir leidgetan, ihn niederschlagen zu müssen. Ich fragte nur noch, woran er das denn sehen könne? Das war für meine weitere Flucht ja wichtig. Die Antwort kam sofort: „Du siehst dich andauert so wach und aufmerksam um und weißt genau, was du willst. Außerdem sagt das dein ganzes Benehmen." Ich schlug ihm leicht auf die Schulter und fragte ihn nach einer Waschgelegenheit. Er holte einen Eimer Wasser, Seife und zwei Handtücher. „Auch rasieren?" Ich schüttelte den Kopf und begann mich gründlich zu waschen. „Zieh dich aus!" sagte er. „Ich passe auf, dass niemand kommt!" Ein Pfundskerl.

Ich war bereits damit beschäftigt, mich zu kämmen, als er sagte: „Ich bin gleich wieder da." „Wohin?", fragte ich. Er sah mich an und sagte: „Der Soldat. Ich sehe nur nach, ob das Essen schon fertig ist." Es war fertig, und er führte mich in eine Gesindestube. Zuerst sah ich den Mann, den ich mit den Amerikanern aus dem Haus kommen gesehen hatte. Etwa fünfzig Jahre alt. Ein richtiger Bauer. Er gab mir eine kräftige, schwielige Hand, begrüßte mich freundlich und wünschte mir einen guten Appetit. Dann ließ er uns alleine und mein Blick saugte sich am Tisch fest. Jedenfalls an dem, was darauf stand. Kartoffeln, Spinat, Fleisch, Soße, ein Glas Wasser und daneben drei Zigaretten. Ich schloss die Augen und öffnete sie wieder. Ich hatte keine Halluzinationen. „Da staunste, was?", sagte mein kleiner Freund. Wahrhaftig, es war zum Staunen.

Als ich meinem Gott und Vater dankte, kamen mir die Tränen. Der Kleine sah mich mit großen Augen an, sagte aber kein Wort. Als ich mir die Tränen mit der Jacke abwischte, rannte er sofort los und holte ein sauber gefaltetes Taschentuch. Ich musste mich anstrengen, langsam zu essen. Ich sprach kein Wort, erst bei der Zigarette fing ich an, ihn zu interviewen.

Wo bin ich hier? Wie weit vom Lager? Wie breit ist der Kontrollring? Welcher Art ist die Kontrolle? Wie weit zum Rhein? Hast du eine Landkarte? Er hatte eine. Ich durfte sie nur nicht mitnehmen. Er gab mir ziemlich erschöpfend Auskunft. Dann vertiefte ich mich in die Landkarte, dabei begann er zu fragen, wie ich denn durch den Stacheldraht gekommen sei. Ich erzählte es ihm in ein paar Worten, und als ich erwähnte, dass ein Ami eine Zigarette lang auf meinem Ärmel gestanden hatte, wusste er nichts mehr zu sagen. Entgeistert starrte er mich an.

Dann kam der Bauer wieder. Er bot mir an, bei ihm zu bleiben und auf dem Hof zu arbeiten, mit der Sicherheit, dass die Amerikaner mich nicht einkassieren würden. Mein kleiner Freund nickte heftig. Wir beide bekamen Gefallen aneinander. Scheinbar hatte der Bauer gute Beziehungen zu den Amis. Aber mir war die Sache zu windig. Als ich einwand, ich würde doch lieber nach Hause gehen, hatte er auch nichts dagegen. Hans, so hieß mein kleiner Freund, bekam Weisung: „Schmier ihm ordentlich Butterbrote und gib ihm zwei Äpfel und noch drei Zigaretten und sorge dafür, dass er eine Stunde, bevor die Amis kommen, weg ist." Er verabschiedete sich und wünschte mir alles Gute, meinen Dank beantwortete er nur mit einem Kopfnicken. Dann gab er mir noch einen wichtigen Rat. Er wies mich in eine Richtung bis zu einer Straßenkreuzung. Bis dahin solle ich vorsichtig sein, und danach nur noch in der Öffentlichkeit und bei Tage, frei ohne Scheu. Alles andere würde die Amis nur misstrauisch machen. Keine Wald- und Schleichwege. Vor allem aber nicht nachts.

Hans hatte alles schon eingepackt. Bis zum Dunkelwerden hatte ich noch zweieinhalb Stunden Zeit. Wir verabschiedeten uns, und schon war ich unterwegs. Meine Schuhe waren fast schon wieder trocken und so konnte ich hart ausschreiten. Die Straßenkreuzung war menschenleer und in der Ferne konnte ich eine kleine Stadt sehen. Etwas davor lag auf der rechten Seite ein Bauernhof. Ein amerikanischer LKW kam mir entgegen. Ich nahm meinen Mut zusammen und winkte dem Fahrer zu. Er winkte zurück. Nach einer Stunde hatte ich den Bauernhof erreicht und fragte nach einem Nachtquartier. Der Bauer sah mich aufmerksam an und fragte: „Woher?" „Von den Rheinwiesen", antwortete ich. Bis zur Dämmerung konnte ich in der Gesindestube sitzen und meine Butterbrote essen. Dazu bekam ich eine köstlich schmeckende Tasse Milch. Danach rauchte ich eine Zigarette.
Mir fehlte fast nichts. Übernachten durfte ich in der Scheune. Die Streichhölzer und Zigaretten musste ich aber abgeben. Strengstes Rauchverbot in der Scheune. Ich war einverstanden.

Ich schlief, wie man sagt: wie in Abrahams Schoß, trocken, warm und satt. Dem Herrn sei Lob und

Dank. Vier Wochen lang war das ein unbekannter Zustand.

Es schien so, als ob die ganze Bevölkerung mit den Lagerflüchtlingen sympathisierte. Das gab mir ein hohes Sicherheitsgefühl. Inzwischen hatte mein Magen, der jetzt nur kleine Portionen gewöhnt war, sich wieder ein wenig erholt. Ich hatte einen Appetit wie drei. Am anderen Morgen bekam ich ein Frühstück und meine Zigaretten. Ich war ungefähr acht Kilometer vom Rhein entfernt. Als ich den Bauern fragte, wo die beste Stelle sei, um durch den Rhein zu schwimmen, sah er mich an, als sei ich übergeschnappt. Sicherlich stellte er sich schon vor, wie ich als Leiche rheinab treibe. Trotzdem waren seine Informationen wertvoll. „Es gibt Rheinfischer" sagte er, „die dich für viel Geld auf die andere Seite bringen. Im Übrigen wird der Strom gut bewacht." Genauere Einzelheiten wusste er nicht.

Mein körperlicher Zustand war nach dieser Hungerkur aber nicht so, dass ich es jetzt schon wagen konnte, über den Rhein zu schwimmen. Ich war – schon Jahre vor dem Krieg – Mitglied der „Deutschen-Lebensrettungs-Gesellschaft" und mussten jedes Jahr an dem offiziellen Stromschwimmen im Rhein teilnehmen. Um unsere Kondition zu überprüfen, schwammen wir dabei circa sechs Kilometer von Zons nach Benrath. Mir war daher bekannt, was das an Kraft und Energie kostete. Ich musste mich daher in kürzester Zeit fit machen.

In meinem Unverstand wählte ich zur Erreichung dieses Ziels einen Weg, von dem die Ärzte später behaupteten, er sei selbstmörderisch gewesen. Ich wollte einfach „Klinken putzen", das heißt von Haus zu Haus gehen und die Gutmütigkeit der Leute ausnutzen, um ununterbrochen zu essen und zu trinken. „Wie kann man nur!", schrie mich mein Arzt vierzehn Tage später an. „Haben Sie nicht bedacht, dass Sie vier Wochen lang nichts gegessen haben und Ihr ganzer Verdauungstrakt erlahmt ist!?" Ich hatte es nicht bedacht. Aber eine Frau, die mir ein leckeres Essen gemacht hatte, sagte etwas Ähnliches wie später der Arzt. Ich kann mich entsinnen, dass ich in etwa erwiderte: „Wenn ich meinem Gott und Vater dafür danke und ihn um Segen bitte, so wird er wohl alle Vorkehrungen treffen, so dass mir das gute Essen nicht schadet." Mein Arzt musste später brummig eingestehen, dass mein himmlischer Vater an alles gedacht hatte.

Drei Tage lang war ich in zwei oder drei Dörfern gewesen, hatte an vielen Türen geklingelt und hatte gegessen, gegessen, gegessen. Sechs bis achtmal am Tag herrliche Portionen. Dass mir nicht schlecht wurde, konnte mein Arzt nur schwer glauben, „... und nicht gekotzt wie ein Reiher?", „„zum Glück nicht, denken Sie an das gute Essen ...", antwortete ich. Er knurrte wütend. Sein Fachverstand war verletzt.
Die Hilfsbereitschaft der Menschen war einfach überwältigend. Ich will nur einen Fall erzählen, alle weiß ich nicht mehr.

„Guten Tag, ich komme aus dem Lager bei Wesel und bin auf dem Weg nach Hause, kann ich eine Kleinigkeit zu essen haben?" Einen Moment sieht sie mich an, eine richtig nette Frau. Dann zieht sie mich in den Flur. Die Haustür schlägt sie hinter mir zu und schließt ab. „Kommen Sie herein, was soll ich machen, etwas Warmes oder Butterbrote?" ohne eine Antwort abzuwarten, dreht sie sich um und ruft: „Erich, komm mal schnell!" Erich – ihr Mann – kam angerannt. „Mach warmes Wasser, er muss sich rasieren und lass die Wanne einlaufen, er muss baden. Hol eines von deinen Oberhemden, er hat ja keins, vielleicht braucht er Unterwäsche. Steh nicht so lange herum." Der arme Kerl war ganz verdattert. Kein Wunder bei der Frau! Ich stand auch wie gelähmt. Und dann ging es los. Die beiden tanzten um mich herum, als wäre ich ihr verlorener Sohn, der nach fünf Jahren endlich zurückkommt. Es war fantastisch, bis zum Hals in warmem Wasser, einen Diener, Erich, neben der Badewanne, um mir den Rücken zu waschen. „Er ist ganz mager!", rief er seiner Frau zu, die gerade das Essen fertig machte. Ich hörte, wie sie sofort zwei weitere Eier in die Pfanne schlug. Ich wurde total verwöhnt.

Es war unbeschreiblich. Auch diese Begegnung werde ich mein Leben lang nicht vergessen. Alle fünf Minuten rief sie durch die Badezimmertüre „Fehlt noch was? Ist alles in Ordnung?" Ich konnte nur die Hände falten und für so viel praktische Liebe danken und sie seiner Gnade anbefehlen.

Ich kann nicht alle Einzelheiten dieser Tage erzählen. Vieles weiß ich auch nicht mehr, aber dass alle Leute sehr freundlich zu mir waren, habe ich in bester Erinnerung. Und jedes Mal, wenn ich vor dem Essen meine Hände faltete, wurden sie ganz besonders freundlich und es ergab sich, dass wir mehrmals lange geistliche Gespräche führten. Der Herr segne sie alle!

Das letzte Dort hieß Friemersheim und lang südlich von Duisburg. Ich näherte mich dem Rhein, und die Informationen über die Zustände dort wurden immer schlechter. „Wahnsinn, versuchen Sie, irgendwo über eine Brücke zu kommen, selbst auf die Gefahr hin, dass man Sie schnappt." Sie hatten alle gut reden. Inzwischen sah ich mich als einigermaßen „fit" an. Den ganzen dritten Tag meiner Flucht regnete es und gleich morgens inspizierte ich ein altes, zerschossenes Haus. Ich hoffte, dort einen Schirm zu finden und einen wasserdichten Sack für meine Kleidung, wenn ich durch den Rhein schwamm. In dem Haus war alles kaputt, bis auf einen Schrank alter Bauart. Unten im Schrank waren zwei große Schubläden, beide völlig intakt. Eine nahm ich mit. Wenn ich sie auf dem Kopf balancierte – wie die Frauen im Orient ihre Wasserkrüge – und die Hände in den Hosentaschen hatte, wurde ich nicht einmal nass. Staunend sahen die Leute sich nach meinem neuartigen „Regenschirm" um.

Am Nachmittag war ich am Rhein. Vom Lager hatte ich bereits dreißig Kilometer zurückgelegt. Der

Rhein war an meiner Stelle ungefähr vierhundert oder fünfhundert Meter breit. Mittendrin lag ein versunkenes Schiff. Teile der Aufbauten ragten noch aus dem Wasser. Der Rhein machte eine sanfte Linkskurve. Etwa sechshundert Meter rheinab sah ich auf der anderen Seite ein Lager für Baumaterial. Bretter, Balken, Eisengeflecht, Sand, Kies und mehrere Mannschaftsbaracken. Das Ufer war sehr flach. Das war ungefähr die Stelle, wo ich landen würde, wenn ich hier ins Wasser ging.

Plötzlich stand ein Mann neben mir. Ich war so in Gedanken versunken, dass ich ihn nicht gehört hatte. Er hatte ein Ruder in der Hand. Wir blickten uns lange und schweigend an, jeder versuchte, den anderen abzuschätzen. Das ist immer so in einer Zeit, in der man nie weiß, wessen Geistes Kinde derjenige ist, der einem gerade gegenübersteht. Ich sagte einfach: „Fahr mich über den Rhein, was kostet das?" Er schüttelte den Kopf und sagte: „Jetzt nicht mehr, gestern haben sie mir mit ihrer Pak (Panzerabwehrkanone) mein Boot zerschossen, um ein Haar war ich hin." Die „Liebenswürdigkeiten", mit denen er die Amerikaner bedachte, sind nicht druckreif. „Wo stehen die mit ihrer Pak?", fragte ich. Er zeigte es mir. Sie hatten soweit ich sehen konnte auch Flaks installiert. Alles gut getarnt. Oh ja, die gefährlichen Deutschen. „Und wenn ich schwimme?", fragte ich. „Traust du dich, sie schießen auf den einzelnen Mann", antwortete er und bedachte die Amerikaner mit weiteren „Lobeshymnen".

Ich erkundigte mich, ob jemand anderes bereit war, mich über den Strom zu fahren. Aber er gab mir zu verstehen, dass ich kein Glück haben werde, jemanden zu finden. Die Amis mussten gestern wohl einen schlimmen Tag gehabt haben. Ich hoffte sehr, dass mein Engel die Amerikaner morgen in einen todesähnlichen Schlaf versetzen würde. Er machte mich noch auf die Strömungsverhältnisse im Fluss aufmerksam und riet mir, im Bereich des gesunkenen Schiffes besonders vorsichtig zu sein. Dann nannte er mir einen Bauern in der Nähe, bei dem ich übernachten konnte. Über eine Stunde saß ich noch, gedeckt durch eine hohe Hecke, am Rhein und beobachtete alles diesseits und jenseits des Flusses. Die Pak- und Flakstellungen der Amerikaner, ihre Wachposten, Unterkünfte und Bewaffnung. Ich hielt Ausschau nach Soldaten, die das Wasser oder die Ufer beobachteten. Ich studierte die Strudel in der Nähe des versunkenen Schiffes und die Bewegungen auf meinem in Aussicht genommenen Landeplatz. Wie kam ich weiter, wenn ich dort war? Ich hoffte alles bedacht zu haben und befahl mich der Gnade Gottes an. Mein Engel sollte noch allerhand zu tun bekommen. Es ist gut, dass wir nicht wissen, was auf uns zukommt. Gott hält es gnädig verborgen.

Ich ging zu dem Bauern und erzählte ihm meine Geschichte. Im Heu konnte ich schlafen, aber von allen anderen Aktivitäten riet er mir dringend ab. „Du kommst nicht lebend drüben an, und wenn, dann schießen sie dich dort am Ufer noch zusammen." Sie kannten alle meinen Engel nicht. Jedenfalls schien es sehr schwierig zu werden. Ein Abendbrot und belegte Butterbrote für den anderen Tag bekam ich auch noch. Um zwei Uhr wollte ich am Rhein sein und legte mich deshalb früh ins Heu. Wie lange ich geschlafen hatte, wusste ich nicht. Ich war sofort hellwach. Man schläft ja meistens unruhig, wenn man zu einer bestimmten Zeit wach werden muss. Wie spät mochte es sein?, dachte ich. Aber lieber etwas zu früh als zu spät, dann war die Sicht für die Amis noch nicht so gut. Ich nahm meine Schublade und ging leise aus der Scheune. Meine Butterbrote aß ich im Gehen. Eigentlich hätte mir auffallen müssen, wie dunkel es noch war. Der Eingang zum Bauernhof lag in einer leichten Kurve der vorbeiführenden Straße. Gegenüber standen ein paar mächtige Bäume. Schlaftrunken wie ich war, machte ich einen Kardinalfehler. Ohne die Umgebung zu prüfen stand ich plötzlich mitten auf der Straße.

Von einer Sekunde zur anderen stand ich in hellem Scheinwerferlicht. Der Motor eines Jeeps sprang an und schon war er bei mir. Eine Nachtstreife der Amerikaner.
Unter den hohen Bäumen hatten sie in Lauerstellung gelegen. Zwei Soldaten sprangen heraus und nahmen mich mit ihren entsicherten MPs in ihre Mitte. Es war einfach zu spät für jede Reaktion. Es reichte gerade noch zu einem: „Herr, hilf." Sie redeten in Englisch auf mich ein. Ich rührte mich nicht. Endlich hörten sie auf. Ich schüttelte mei-

nen Kopf und zuckte die Schultern. „Nix verstanden!" Da fiel mir ein einziges englisches Wort ein, „working" antwortete ich. Noch mal zeigte ich auf mich und sagte „working", dabei machte ich die Bewegungen als müsste ich auf dem Feld eines Bauern mähen. Sie sahen sich verdutzt an und kontrollierten ihre Armbanduhren. Inzwischen war ich hellwach und sofort kam mir der Gedanke, dass die Zeit nicht stimmt. Sogleich wurde mir bewusst, wie dunkel es noch war. Ich war viel zu früh aufgestanden. Mit einem Laut der Verwunderung griff ich das Handgelenk eines Soldaten und starrte auf seine Uhr. Es war kurz vor 0:00 Uhr. Ich schlug mir vor lauter Verzweifelung an den Kopf, brach in schallendes Gelächter aus und machte die Bewegung des Schlafens. Dann griff ich in meine Schublade, drehte mich um und ging langsam wieder in den dunklen Hof zurück. Nach wenigen Schritten war ich zwischen den Ackergeräten untergetaucht.

Noch aus dem dunklen Hof sah ich die beiden völlig verdutzt im Scheinwerferlicht auf der Straße stehen. Sie sahen sich gegenseitig an, sprachen ein paar Worte und brachen in Lachen aus. Dann stiegen sie ein und fuhren davon. Neben einem großen Wagenrad bin ich in die Knie gegangen und habe meinem Gott gedankt, dass alles gut verlaufen ist.

Aber dann schlief ich zu lange. Als ich hochfuhr, war es bereits hell. Wir mussten so gegen 3:00 oder 4:00 Uhr haben. Diesmal blieb ich am Tor stehen und sah vorsichtig die Straße auf und ab. Niemand war zu sehen. Es war kalt, nebelig und windig. Das ideale Wetter für mein Unternehmen. An der Hecke zog ich mich völlig aus und band meine Kleider mit einem Bindfaden zusammen, den ich von der Häckselmaschine mitgenommen hatte. Meine Mütze mit dem Geld und den Papieren mittendrin. Das Ganze band ich in der Schublade fest. Am Knauf der Kiste befestigte ich einen zwei Meter langen Faden. An das Ende knotete ich eine Schlaufe, die sich nicht zuziehen konnte, und legte diese um meinen Hals.

Vorsichtig und ganz klein kam ich aus meiner Deckung und rutschte flach ins Wasser. Der Atem stand mir still, so kalt war es. In meinen Kopf kamen sofort die Gedanken von Arm- und Beinkrämpfen, Erstarrungen und Unterkühlung. Es gab nur ein Mittel: beten und wie ein Wilder losschwimmen. Der Rhein hat eine Fließgeschwindigkeit von etwa einem Meter pro Sekunde. Die Hauptströmung befand sich hier in der Mitte oder etwas rechts, da der Fluss eine Linkskurve machte. Ich nahm mir vor, das erste Drittel möglichst schnell zu durchschwimmen. Vielleicht kam ich noch vor dem gesunkenen Schiff vorbei, vor allem wegen der Strudel. Außerdem konnte man sich an Teilen des Schiffes, die knapp unter der Wasseroberfläche lagen, sehr gefährlich verletzen.

Der starke Wind machte große Wellen, die es den Beobachtern schwer machten, auf dem unruhigen Wasser einen menschlichen Kopf zu erkennen.

Wenn sie bloß nicht auf die Schublade schossen. Ich schwamm mit allen mir zur Verfügung stehenden Kräften, links immer etwas stärker anziehend. Die großen Wellen durchtauchte ich einfach. Gelernt ist gelernt. Die Schublade tanzte ganz schön auf den Wellen, schien aber dicht zu bleiben. Ich hoffte, die Amerikaner würden bei diesem Wetter etwas müde sein und nicht so genau hinsehen.

Und dann kam das Verhängnis. Plötzlich war ich unmittelbar neben den Aufbauten des gesunkenen Schiffes, die noch knapp aus dem Wasser ragten. Die hohen Wellen und meine Tauchmanöver hatten mir die Sicht genommen. Und schon war ich in den Strudeln und Wirbeln um die Deckaufbauten. Wenn man so mitten im Fluss einen festen Punkt hat, sieht man erst, was für eine Fließgeschwindigkeit der Rhein hat. Es schäumte und quirlte mit Donnergetöse. Ich warf mich nach links, um wieder in freies Wasser zu kommen und streckte mich so lang wie möglich, um in der Waagerechten zu bleiben und nicht von den Strudeln weggerissen zu werden. Und da passierte es, ein starker Ruck an meinem Hals. Die Schublade musste irgendwo hängen geblieben sein. Ich konnte gerade noch sehen, wie sie umkippte und sofort versank. Ich tauchte hinterher, aber rutschte mit den Fingern an ihr ab. Ein zweiter noch stärkerer Ruck an meinem Hals. Der Bindfaden war abgerissen. Ich kam völlig außer Atem wieder hoch und geriet in einen Strudel ohne Luft in den Lungen. Nur keine Panik, dachte ich. Mit einem gewaltigen Stoß war ich wieder oben, und rief über das Wasser: „Herr, hilf!" Und der Engel war da. Kurz darauf kam ich in ruhigeres Wasser. ER ist eben ein Gott, der Gebete erhört und ich war in höchster Not.

Das gesunkene Schiff wirkte jetzt als Wellenbrecher. Noch waren es ungefähr 250 Meter bis zum Ufer. Ich beobachtete genau, was sich dort tat. Mein Landeplatz war der Uferstreifen mit dem Baumateriallager, wie vorgesehen. Meine Krie stießen auf Grund. Einen Augenblick sah ich die Umgebung an und rannte dann geduckt über den Strand auf einen Bretterstapel zu. Ich war vorerst in Deckung.

Zitternd vor Kälte konnte ich nichts richtig halten, auch meine Zähne nicht. Und es war nicht zu leugnen. Am frühen Morgen um kurz vor 5:00 Uhr stand ich in paradiesischer Nacktheit auf der rechten Rheinseite. Meine 600 Reichsmark, Führerschein und Papiere, meine Kleider alles war weg.

In meinen wüstesten Träumen – und wenn man sechs Jahre im Krieg gewesen und meistens in den ersten 150 Metern verbracht hat, dann hat man wüste Träume – hätte ich mir das niemals vorgestellt. Es ist schon eigenartig, wie hilflos man sich vorkommt, wenn man nackt ist und ohne Möglichkeit etwas anzuziehen. Ich hielt mich an dem Bretterstapel fest und hatte nur den Gedanken, dass ich sofort etwas unternehmen musste. Ganz in der Nähe stand eine große Mannschaftsbaracke. Die Tür war an der Kopfseite. Mit einem gewaltigen Ruck riss ich Schloss und Schließblech aus der Holzwand. Ich betrat einen langen Mittelgang. Links und rechts waren Zimmer mit Feldbetten und Strohsäcken. Ich nahm einen Strohsack, schüttete das Stroh aus und rieb mich mit dem groben Leinensack ab, als wollte ich meine Haut abscheuern. Langsam fing sie an, sich zu röten. Dann rannte ich mehrmals den langen Flur hin und her und rieb mich wieder ab. Allmählich hörte das Zittern auf. Ich brauchte Kleider, und zwar sofort. „Herr, so kannst du mich doch nicht herumlaufen lassen!"

Am nächsten stand eine einfache Baracke mit einem soliden Vorhängeschloss. Wahrscheinlich die Unterkunft des Lagerverwalters. Ich spähte durch das Fenster. Als Erstes sah ich einen kompletten Maureranzug an der Wand hängen. Kein Zweifel, mein derzeitiger Zustand gefiel meinem Gott und Vater nicht. ER sorgte schnellstens für Abhilfe.
Mit einem Stück Moniereisen knippte ich die Schlossfalle auf. Ganz eindeutig, das war die Baracke des Lagerverwalters. Unterwäsche fand ich nicht. Die Hose hatte ich schon an. Sie hatte sogar einen Gürtel. Ich zog gerade die Jacke an. Die Freude über meinen neuen Anzug hatte mich wieder unvorsichtig gemacht. Ich stand mit dem Rücken zur Tür. „Oh sträflicher Leichtsinn." Plötzlich wurde es dunkel im Raum. Ich fuhr herum. Wahrscheinlich handelte es sich um den Besitzer des Anzuges. Wir starrten uns beide bewegungslos an.

Dann fing ich einfach an zu erzählen, woher ich kam, wie es mir in den letzten beiden Stunden ergangen war und warum ich gerade seinen Maureranzug vereinnahmte. Er sagte kein Wort. „Und nun muss ich Sie einfach bitten, mir zu helfen." Nach einer Pause tat er endlich den Mund auf. Seine erste Frage war: „Und hier sind Sie durch den Rhein geschwommen?" Ich glaube, wenn er nicht meine blauen Lippen, mein nasses Haar und mein wieder beginnendes Zittern gesehen hätte, er hätte mir bestimmt nicht geglaubt. Ich nickte nur. „War die Tür auf?" Endlich fand er in die Gegenwart zurück. „Nein, ich hatte keine Zeit und konnte nicht warten, bis Sie kommen würden." Das sah er ein.

Nun hatten mir eine ganze Reihe von Menschen bestätigt, dass die Amerikaner auf alles schießen würden, was sich auf dem Rhein bewegt. Bei mir hatten sie sich nicht gerührt. Für mich nur ein weiterer Beweis, dass mein Gott Gebete erhört.

Der Verwalter setzte sich an seinen Tisch und nun sprudelten die Fragen nur so aus ihm heraus. Zu meiner Verwunderung musste ich feststellen, dass die Menschen auf dieser Seite des Flusses keine Ahnung hatten, was sich auf der anderen Seite abspielte. Er war immer noch voller Misstrauen. Das, was ich erzählte, konnte er kaum glauben. Aber langsam wurde er warm. Dem Alter nach musste er selbst Soldat gewesen sein. Und dann ging er in das vertraute „Du" über, da wusste ich, dass ich gewonnen habe. Preist den Herrn!

Sogleich wurde er behilflich. Aus einer Ecke holte er Maurerschuhe. Eine große Kostbarkeit. Dann fand er noch einen verbeulten Hut und einen zerrissenen Schal für meine nackte Brust. Leider hatte er keine Strümpfe, nicht einmal ein paar Lappen für meine Füße. „So", sagte er, „jetzt kannst du gehen, mehr kann ich nicht für dich tun." Inzwischen standen wir draußen. Er nahm eine alte Schaufel und legte sie mir über die Schulter und ein paar Rohrschellen hing er über die andere Schulter. Dann trat er zwei Schritte zurück, sah mich wohlwollend an und sagte: „Jetzt bist du zünftig, kein Ami wird sich nach dir umschauen." Er sollte Recht behalten. „Du bist ein Maurer und wohnst hier. Geh keine Schleichwege!" Ich bedankte mich und ging zur Straße. Ich musste in Richtung Osten, um die Autobahn zu erreichen. Eines wurde mir jedoch schnell klar. Mit meinen nackten Füßen in den viel zu großen, groben Schuhen würde ich nicht weit kommen.

Nach einer halben Stunde, ich näherte mich einem Dorf, kamen mir zwei Männer entgegen. Sie waren in meinem Alter und fragten mich nach dem Weg. Meine Tarnung schien also perfekt. Sie hielten mich für einen Ortansässigen und wollten nach Wesel. Die beiden waren allerdings trotz ihres Zivilanzuges auf fünfzig Meter als Soldaten zu erkennen. Sie würden nicht weit kommen. Aber jetzt fingen meine Füße schon an zu schmerzen. „Herr, ich brauche Strümpfe!"

Ich humpelte weiter. Am Ortseingang kam ich an ein alleinstehendes Haus. An der Vorderseite eine Treppe, die man von beiden Seiten begehen konnte. Eine ältere Frau putzte sie gerade. Ich sprach

cke zu, als wäre ich ihr Sohn. So muss es wohl sein, wenn man sagt: „Ich schlief wie in Abrahams Schoß."

Als ich ausgeruht erwachte, hatte sie schon Kaffee gekocht. Ich glaube, es war sogar echter.
Butterbrote und viele gute Wünsche gab sie mir mit auf den Weg, als ich ging. Von Dank wollte sie nichts wissen. So, wie sie mit mir umging, würden andere Menschen nun mit ihren Kindern umgehen. Noch lange auf dem Weg musste ich über ihre Philosophie nachdenken. Eine katholische Frau, die einfach von der Tatsache ausging, dass, wenn sie gut zu anderen Menschen sei, eine ausgleichende göttliche Gerechtigkeit dann auch für ihre Kinder Sorgen würde, wenn sie es nicht konnte. Und das Ganze eingepackt in einen nicht umzuwerfenden Glauben. Gott segne sie, sie hatte es verdient!

Es war eine wahre Wohltat, mit diesen warmen Strümpfen und guter Unterwäsche bekleidet zu sein. Man lernt, nichts mehr als selbstverständlich anzusehen. Ich versuchte, mir die Karte in Erinnerung zu rufen, die Ortsschilder waren Hüttenheim und Angermund. Bis zur Autobahn Duisburg–Düsseldorf–Hilden mussten es etwa zehn bis zwölf Kilometer sein. Meine Tarnung war wirklich gut. Zweimal fragten mich Passanten nach dem Weg. Was ich ihnen sagte, hat sicherlich nicht gestimmt, aber was sollte ich machen? Ein paar Mal marschierte ich, inzwischen ohne Angst, an amerikanischen Wachposten vorbei. Sie sahen mich nicht einmal an. Beim letzten Mal wurde ich waghalsig. Ich ging so dicht an einem vorbei, dass ich ihn mit meiner Schaufel, die ich auf der Schulter hatte, fast streifte. Höflich drehte ich mich um und sagte: „Pardon!" Im selben Augenblick fiel mir ein, dass das ja französisch war. Er grinste, kaute seinen Tabak weiter und tippte mit dem Finger an seinen Stahlhelm. Vielleicht hatte er eine französische Mutter.

Aber dann war ich an der Autobahn. Es musste kurz nach Mittag sein. Jetzt brauchte ich einen LKW in Richtung Süden. Ich legte mich in Deckung an die Böschung und wartete. Hier an dieser Autobahn war wieder so eine Stelle, wo die Amis keinen sehen wollten. Also war ich ganz, ganz vorsichtig. Viele Militärlastwagen. Ich blieb schön in meiner Deckung. Zwei Zivillastwagen fuhren vorbei, aber ich hatte keinen Mut, weil die typische Besonderheit fehlte. Sie fuhren mit Benzin und hatten nicht die für damalige Verhältnisse bekannten Holzofen, erkenntlich am Qualm.

Endlich kam ein qualmendes Ungetüm an. Sonst konnte ich keinen Verkehr erkennen, mein Engel hatte alle Umstände geregelt. Ich sprang winkend hoch und sofort kreischten die Bremsen. Hinter dem Steuer saß ein unwahrscheinlich fetter Mann. Aus welchem Schlaraffenland mochte der wohl kommen? Aber dicke Leute sollen ja meistens freundlich sein. „Na", sagte er, „du hast aber Mut hier auf der Autobahn!" Er musterte mich ein paar Sekunden lang und fragte: „Wohin?" Ich sagte es ihm. „Wo die Eisenbahnlinie Hilden–Ohligs unter der Autobahn hergeht, da kannst du mich absetzen!" Er nickte nur und zeigte über seine Schulter nach hinten, dabei legte er schon den Gang ein. Ich schwang mich über die hohe Brake und schon ging es ab. Neben dem Holzkocher lagen gewöhnlich die Säcke mit dem Brennmaterial. Alles war überdeckt mit einer schweren Plane, damit das Holz nicht nass wurde. Und plötzlich sah ich eine Frau mit ihrem zehnjährigen Sohn, die schon dort saß. Wir machten es uns bequem und erzählten uns unsere Geschichte.

Einmal hielt er an, um ordentlich nachzustochern. Kurze Zeit später waren wir da. Er schrie: „Die Brücke!" Ich fuhr hoch und machte einen aufmerksamen Rundblick. Man konnte ja nie wissen und gerade die Brücken wurden ja besonders bewacht. Aber der Dicke vorne im Führerhaus schien kein Neuling zu sein. Er war einhundert Meter weitergefahren. Ich sprang ab, bedankte mich kurz und war schon im Unterholz der Böschung verschwunden. Auch daran hatte er gedacht.

Jetzt muss ich wohl erst einmal erklären, warum ich diesen Weg wählte. Meine Eltern waren in Bielstein im Oberbergischen. In Remscheid waren sie ausgebombt. Zu ihnen konnte ich vorerst nicht, weil ich keinerlei Papiere mehr hatte. Vor den Amerikanern war ich vogelfrei, und wenn sie mich ohne Papiere griffen, war das das Schlimmste, was mir passieren konnte. Keine Papiere, aha, einer der getürmten Nazifürsten, die sie ja verzweifelt suchten. Die Lage eines solchen war für die nächsten drei Monate nahezu hoffnungslos. Er wurde sofort eingelocht und hatte keine Möglichkeit mehr zu beweisen, wer er war. Deshalb meine Sorge, den Amis irgendwo in die Hände zu fallen. Meine neuen Papiere konnte ich nur in meiner Geburtsstadt Remscheid bekommen. Vielleicht zumindest einen neuen Führerschein, ich musste es jedenfalls versuchen.

Ich wollte bis Ohligs und von dort nach Remscheid zu einer mir gut bekannten Familie. Ich hoffte, mein Engel würde für die nötigen Verkehrsmittel sorgen. Zunächst marschierte ich in meiner fast sprichwörtlichen Einfalt die Bahngleise entlang. Ohligs konnte ich in der Ferne schon sehen. Öfters blieb ich stehen und prüfte „fachkundig" die Verschraubung der Gleise auf den Schwellen. Dabei pfiff ich fröhlich vor mich hin. Erst später stellte ich fest, wie sehr mein Engel währenddessen damit beschäftigt war, alle amerikanischen Soldaten im Umkreis von drei Kilometern abzulenken.

Ich näherte mich einem Bahnübergang, links waren Schrebergärten und rechts das bekannte Bahnwärterhaus, von wo aus die Schranken betätigt werden. Oben waren ringsherum Fenster. An der mir zugekehrten Seite war eine Tür mit einer langen Treppe nach unten. Aus dieser Tür kam ein Bahnwärter, stützte sich auf das Geländer und sah aufmerksam in meine Richtung. Ich war etwa 200 Meter entfernt, als er plötzlich explodierte. Er fuchtelte wild mit den Armen in der Luft herum und schrie mir etwas zu. Was mochte er wohl haben?

Ich näherte mich langsam und dann verstand ich die ersten Worte „Idiot!" schrie er mir zu. Na ja, hier waren sie nicht mehr so freundlich wie auf der anderen Rheinseite. „Runter vom Bahndamm, du Idiot!" Er wiederholte sich noch öfter. Langsam dämmerte es mir. Ich bewegte mich mal wieder in gefährlichem Gelände. Also ging ich neben dem Bahndamm weiter. Es nutzte aber nichts. Er schimpfte einfach weiter. Dann stand ich vor seiner Treppe und ging sie langsam herauf. Er schäumte vor Wut, machte seine Türe auf ging hinein und ich hinterher. Aber dann ging es erst richtig los. „Sabotage!", schrie er mich an. „Die Amis erschießen jeden der sich auf den Gleisen bewegt, ohne Vorwarnung, von welchem Stern kommst du eigentlich!?" Er fuhr fort, mir klarzumachen, dass ich ein absoluter Blindgänger sei. Dazwischen streute er gleichermaßen „Liebenswürdigkeiten" wie: „bescheuert, keine Ahnung, Arschloch, Blödmann" usw.

Lange schon hatte mich keiner so umfassend ausgeschimpft. Endlich war er aus Luftnot stille. Ich sagte ihm, woher ich kam und wohin ich wollte. Er aber hörte gar nicht richtig zu und hatte wieder Luft. „Ach quatsch, das habt ihr euch alle ausgedacht, ihr Drückeberger und Faulpelze! Verschwinde bloß, aber nicht über die Schienen!" Ich fragte ihn, ob er mir nicht wenigstens eine alte Bahnwärtermütze geben könne. Das schlug dem

Fass den Boden aus. Der Gedanke, dass dieser Lümmel auch noch eine Mütze vom ehrenwerten Stand der Bahnbediensteten auf seinem Holzkopf tragen würde, war einfach zu viel. Noch eine Sekunde und er würde handgreiflich. Ich musste ihn kurz und gründlich stoppen. Ich riss meine Schaufel herum, nahm den Stiel nach vorne und machte einen schnellen Schritt auf ihn zu, dabei sah ich ihn hart an und sagte: „Sei jetzt still du Schreihals, ich will nichts mehr hören, sonst …!" Mein Auftritt war wohl unmissverständlich. Er wich zurück und war plötzlich mucksmäuschenstill. Eine furchtsame Natur. Dann drehte ich mich um, ging heraus und knallte die Tür zu, dass das Bahnwärterhäuschen in seinen Grundfesten erbebte.

Als ich die Treppe herunterging, sah ich auf der anderen Seite des Bahndammes einen Mann am Zaun der Schrebergärten. Er war auf einen Pfahl gelehnt und sah schweigend zu, wie ich die Treppe herunterkam. Er musste alles mitgehört haben. Mit einer Kopfbewegung winkte er mich heran. Als ich über den Damm ging, ging doch tatsächlich oben am Bahnwärterhäuschen die Türe auf und die Flucherei begann von Neuem. Ich drehte mich um und tat, als wenn ich die Treppe wieder hochkomme und schrie mit meiner ausgebildeten Feldwebelstimme: „Schnauze!" Er verschwand augenblicklich wieder. Wahrscheinlich war es über halb Ohligs zu hören.

Dann stand ich vor dem Mann. Er musterte mich wieder mal schweigend. Seine erste Frage: „Landser?" Ich nickte. „Man hört es", sagte er. Ich entschuldigte mich wegen dieses aufgeregten Mannes. Er machte eine wegwerfende Geste und sagte: „Vergiss ihn, ein unmöglicher Mensch." Ich musste ihm kurz erzählen, woher ich kam und wohin ich ging. Er meinte: „Gut, ich kenne etwas Ähnliches. Geh jetzt durch die Unterführung dort links, an den Amis vorbei. Auf der anderen Seite ist der Bahnhof. Nimm eine Fahrkarte nach Remscheid", er sah auf seine Uhr, „in einer halben Stunde kommt ein Zug." Ich war platt. Dann erklärte ich ihm, dass ich ohne Mittel sei. Wie selbstverständlich zog er zehn Mark aus seiner Geldbörse. Ein verständnisvoller Mann.

Ich marschierte auf den Wachposten zu, aber er sah mich nicht an. Es waren ja auch genug nette Mädchen da, deren Anblick sicher erbaulicher war als der eines abgerissenen Maurers. Nach der Unterführung kam ich auf die Hauptstraße. Dort herrschten ein Treiben und Leben wie eh und je. Sollte ich wirklich in den Bahnhof gehen? Dort passten sie immer ganz besonders auf. Ich versuchte Kontakt mit meinem Engel zu bekommen. Derweilen marschierte ich über die Hauptstraße. Mein Spiegelbild in einem Schaufenster jagte mir einen derartigen Schrecken ein, dass ich dachte, sie würden mich jeden Augenblick verhaften. Ich sah mich in dieser Aufmachung zum ersten Mal in voller Größe. Meine eigene Mutter hätte mich nicht wiedererkannt. Jetzt wusste ich auch, weshalb die Leute, an die ich nah herankam, mich so anstarrten.

Die Schuhe zwei Nummern zu groß, die Hose eine Nummer zu klein und die Jacke wieder eine zu groß. Und dann der Hut mit der halb abgerissenen Krempe. Darunter dann ein Gesicht, mir schien es passte auf jeden Steckbrief. Ich sah mich verstohlen um. Aber niemand nahm besondere Notiz von mir. Dieser hinkende Handwerksbursche – ich muss erwähnen, dass mein linkes Bein fast vier Zentimeter kürzer war seit meiner Verwundung – schien für niemanden besonders gefährlich. Ich atmete wieder gleichmäßig durch. „Herr, wie geht es weiter? Du weißt, ich muss nach Remscheid und ich habe keinerlei Papiere."

Mein Engel war bereits in voller Tätigkeit. Etwas weiter vor mir stand am Straßenrand ein alter LKW. Daneben auf dem Bürgersteig stand ein Mann und diskutierte lebhaft mit einer Frau. Als ich näher kam, hörte ich, wie die Frau auf den Fahrer einredete, sie mitzunehmen und einen Umweg zu fahren. Der Fahrer wollte nicht. Ich mischte mich sofort ein. Auf meine Frage, wohin er führe, antwortete er: „Nach Remscheid, Greulingstraße!" Kein Zweifel, ich stand neben dem Engel. ER hatte die Frau geschickt, damit sie den Fahrer mit ihren konfusen Fragen so lange aufhielt, bis der „Hauptfahrgast" – ich – eingetroffen war. Ich fragte noch: „Kann ich ...?", dabei war ich schon halb oben. Der Fahrer ließ die Frau einfach stehen, schwang sich hinter das Steuer und fuhr los. Das Ganze war offensichtlich und ohne Zweifel auf mich zugeschnitten. „Vater, dein Name sei gepriesen!" Von der Greulingstraße bis zu der Familie, wo ich hinwollte, waren es noch fünf Minuten Fußweg.

Unter der Plane, auf den Säcken war es herrlich warm, dazu das Geräusch des Holzkochers, ich schlief sofort ein. Im Unterbewusstsein registrierte ich, dass es bergauf und bergab ging. Wir mussten also schon in Solingen oder Remscheid sein. Plötzlich hielt er an. Dann fuhr er rückwärts in irgendeine Einfahrt, ich wollte gerade über die Bracke sehen, um zu erkennen, wo wir waren, als ich amerikanisches Gerede hörte. Ich erstarrte augenblicklich und war hellwach. Das hatte mir noch gefehlt, so kurz vor dem Ziel den Amis in die Hände zu fallen.

Auf der Ladefläche standen drei große Kisten. Wurden sie abgeladen oder kontrolliert? Ich wusste es nicht. Schnell verkroch ich mich unter die Plane, was anderes konnte ich jetzt sowieso nicht mehr tun. Aber ich war entschlossen, das Äußerste zu wagen. „Halt" hörte ich einen Ami auf Deutsch rufen. Der LKW hielt. Ich hörte etwas klirren und die Rückwand wurde aufgemacht. Mehrere Amis standen am Ende der Ladefläche und unterhielten sich lachend. Durch ein Loch in der Plane konnte ich sie sehen. Alle ohne MP. Jetzt stiegen alle drei mit ihrem Gepäck auf den LKW und fingen an, auf der Ladefläche in aller Ruhe zu essen. Butterbrote und Kekse. Der Fahrer des LKWs wurde auch eingeladen und er setzte sich einfach dazu.

Was sollte das werden? Wenn man sich gerade in seinem Geiste mit äußerst gewalttätigen Dingen beschäftigt hat, um den Amerikanern nicht wieder in die Hände zu fallen, ist es nicht so leicht umzudenken. Es war nicht zu fassen, was ich da sah. Plötzlich schien sich der Fahrer zu erinnern, dass er noch einen Fahrgast gehabt hatte. Er stand auf, hob die Plane an und winkte mir zu. Ich versuchte, ohne mit der Wimper zu zucken und mit aller Selbstverständlichkeit hervorzukommen und setzte mich dann neben den erstbesten amerikanischen Soldaten und sah mir seinen Essensvorrat an. Das fand der Ami durchaus in Ordnung und ermutigte mich in holprigem Deutsch doch zuzugreifen.

Ich sah umher. Etwas seitlich konnte ich ein Schild „Vieringhausen" erkennen. Wir waren also bereits in Remscheid. Hier saßen wir nun einträchtig zusammen, aßen, lachten und tranken. Ich hatte wieder mal den Eindruck, dass mein Engel vor uns auf und ab ging und dafür sorgte, dass mich niemand nach meinen Papieren fragte. Wir rauchten gute amerikanische Zigaretten, und gemäß meiner Lage nahm ich gleich zwei aus seiner Packung. Er sah mich an. „Du haben nix?", fragte er. „Ich nix", antwortete ich, zeigte auf meinen Maureranzug und sagte: „armes Schwein".

In den meisten Fällen ist der Sieger, wenn er nicht mehr bedroht wird, großzügig. Dieser hier gab mir eine ganze Schachtel Zigaretten und zwei Dosen Kekse. Dann ließ er mich aus einer besonderen Flasche trinken. Um ein Haar wäre ich vom LKW gefallen. Er hatte mich von einem selbstgebrannten, extrem hochprozentigen Gebräu trinken lassen. Ich rang nach Luft. Mir kamen die Tränen, aber diesmal nicht vor Rührung. Er amüsierte sich köstlich. Dann luden wir gemeinsam die Kisten ab, dabei erfuhr ich, dass hier ein Kiosk für amerikanische Soldaten eingerichtet werden sollte. In den Kisten befanden sich die Einrichtungsgegenstände. Nach dem Abladen machten wir den LKW wieder zu und fuhren weiter.

Diesmal sah ich öfters über die Reling, damit ich wusste, wo wir waren, um auf alles vorbereitet zu sein. Er hielt in der Greulingstraße. Gepriesen sei der Herr! Schaufel und Rohrschellen, die ich immer noch hatte, ließ ich einfach auf der Ladefläche zurück. Dem Fahrer gab ich noch zwei Zigaretten, bedankte mich und ging. Nach zehn Minuten stand ich an der Haustüre meiner Freunde. Ich war fast in Sicherheit. Erna, die Frau meines Freundes, konnte es kaum glauben. Es dauerte eine ganze Weile, bis sie mich erkannte. Sie holte spontan ihren Mann von der Arbeit ab und bis tief in die Nacht saßen wir zusammen und aßen und erzählten. Ab 20:00 Uhr war Ausgangssperre. Aber was nun? Die beiden lebten von Lebensmittelkarten und so einen hungrigen Wolf wie mich konnten sie nicht auch noch füttern. Ich wog nach fast einer Woche ununterbrochenen Essens schon fast 52 Kilogramm.

Im Augenblick war ein Passbild das wichtigste. Fritz kannte einen Industriefotografen, der das wohl machen würde, aber alles musste mit Lebensmitteln bezahlt werden. Das war nicht so einfach. Nachdem wir unserem Gott und Vater für seine Hilfe bis hierher gedankt hatten, durfte ich das erste Mal seit fast fünf Wochen in einem richtigen Bett schlafen. Es war unbeschreiblich. Ich werde es nie vergessen.

Heute noch nach 45 Jahren bin ich meinem Gott und Vater dankbar für all die durchlebten Vorgänge. Man lernt einfach, dankbar zu sein und nichts, aber auch gar nichts als selbstverständlich anzusehen. Frühstück, Mittagessen, Abendessen, Kaffee, Milch, Wasser, nichts ist selbstverständlich. Alles ist eine Gnade Gottes. Seit 45 Jahren kann ich kein Stück Brot mehr wegwerfen, immer mit dem Gedanken an die fünf Scheiben verschimmelten Brotes in der Milchküche, eineinhalb Kilometer vom Lager entfernt.

Wir haben versucht, unsere Kinder anzuleiten, regelmäßig auf ihre Knie zu gehen und Gott zu danken für die geordneten Verhältnisse, in die sie aus Gnade gestellt sind. Das Wachwerden des Morgens in einem gläubigen Haus ist schon ein Vorrecht, das wir erst in der Ewigkeit in seiner ganzen Tragweite erkennen werden. Wenn man sich vier Wochen lang unter den extremsten Bedingungen in einem Lager aufhält, in dem außer Dreck wirklich nichts ist, und dann die Menschen beobachtet, die Gott nicht kennen und ohne Hoffnung in dieser Welt leben, dann wird man dankbar für das Teil, das wir, die Kinder Gottes haben. Ich meine den festen Anker der Seele.

Der Industriefotograf machte ein gutes Foto von mir. Ich unterschrieb eine eidesstattliche Erklärung über den Verlust meines Führerscheins und machte mich auf den Weg ins Rathaus. Fritz hatte mich mit zivilen Sachen, einem Hemd und Krawatte ausgestattet. Den Umgang mit Behörden hatte ich total verlernt. „Am 24. April 1935 habe ich meinen Führerschein gemacht und brauche eine Zweitschrift", sagte ich. Innerlich hoffte ich, dass die Unterlagen unter „H" nicht bei den wiederholten Bombenangriffen und Bränden zerstört worden waren. Er fuhr mit seiner Leiter an dem langen Regal vorbei und hielt bei „Her". Alles war noch vorhanden. In drei Tagen sollte ich wiederkommen.

Nach drei Tagen war ich wieder wer und unter den „Lebenden". Ich hatte einen amtlich abgestempelten Führerschein in meinen Händen. „Gehen Sie bitte eine Etage tiefer in Zimmer ... um sich Lebensmittelkarten abzuholen", sagte man mir. Nach dem Abgeben der Fingerabdrücke hatte ich gültige Lebensmittelkarten. Jetzt war ich wieder eingereiht in die behördliche Erfassung. Hier endlich war der Zeitpunkt, wo ich sagen konnte „in Sicherheit", jedenfalls vor den Amerikanern. Nach weiteren vier Wochen wurde die Ausgangssperre so weit gelockert, dass ich mit einem fahrplanmäßigen Reisebus zu meinen Eltern nach Bielstein fahren konnte.

Ich war zum Ausgangspunkt zurückgekehrt!

4/90

Dauer der Gefangenschaft:
13. oder 14.05.1945 bis zum 10. oder 11.06.1945

ANHANG

Fluchtroute vom Lager nach Remscheid

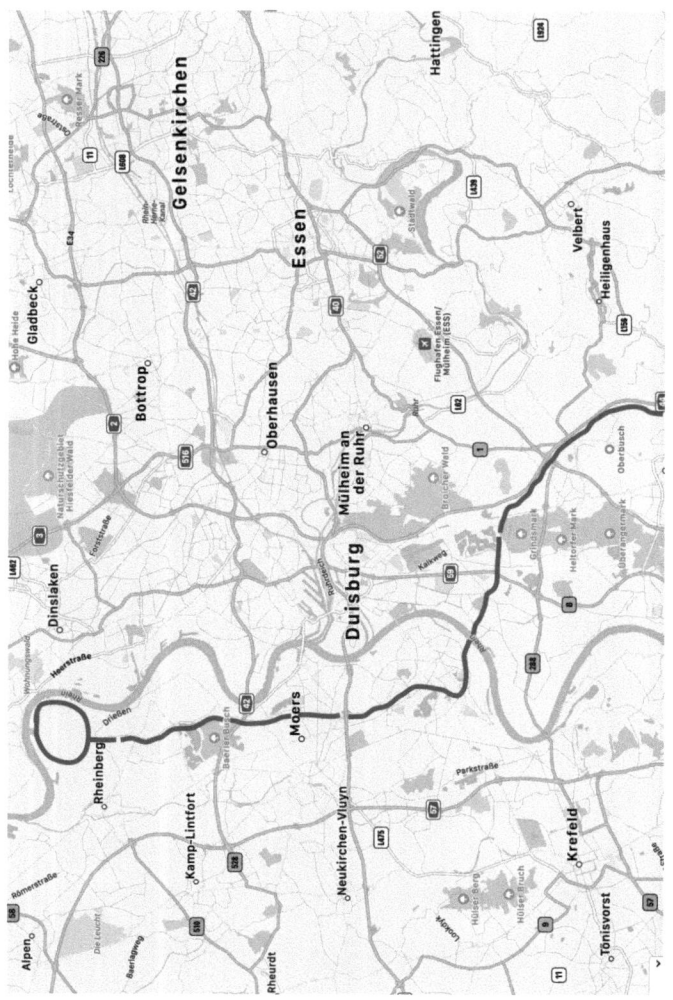

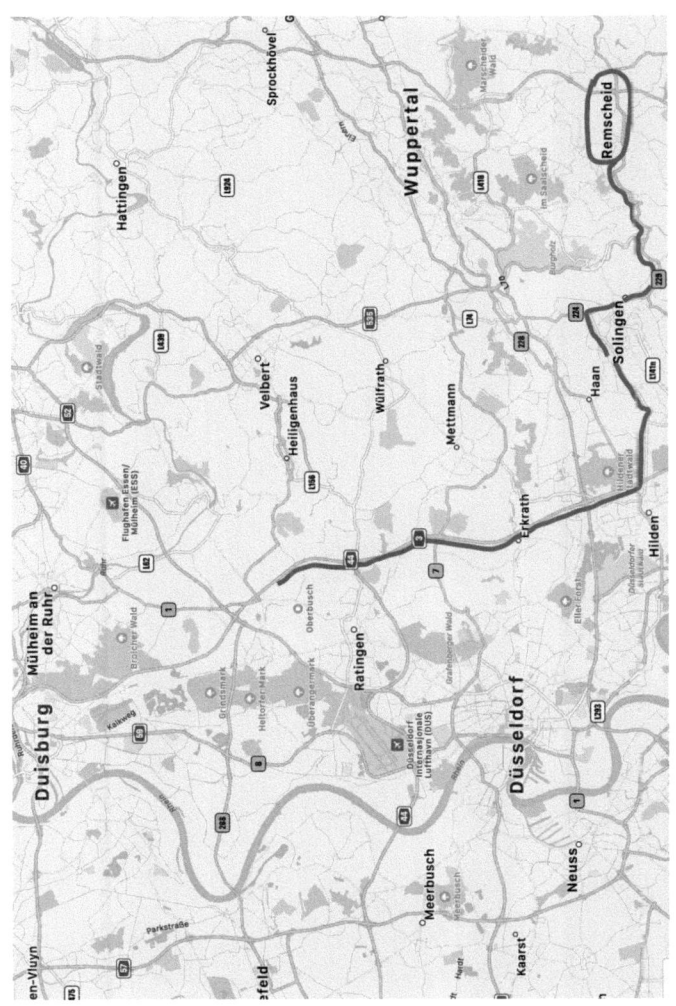